Dr. Gabriele Lehari

Exotische Früchte
selbst ziehen

Kosmos

Der Traum vom Süden auf der eigenen Terrasse –
eine Grapefruit am Spalier.

Granatapfelbäumchen zeigen ihre Blüten von Juli
bis August.

Inhalt

Extra

INHALTSSTOFFE UND GESUNDHEITLICHER WERT EXOTISCHER FRÜCHTE

Pflegepraxis

SO BLEIBEN IHRE KÜBELPFLANZEN RUNDHERUM SCHÖN

Passionsfrucht: Früchte und Sämlinge

Vermehrungspraxis

Vom Samen zur Jungpflanze

Exotische Pflanzen aus Samen selbst zu ziehen, ist ein Hobby, das der Pflanzenliebhaber auch ohne eigenen Garten betreiben kann wobei die notwendigen Samen direkt den entsprechenden Früchten entnommen werden können.

MIT DER FRUCHT FÄNGT ALLES AN

Vor nicht allzu langer Zeit waren viele exotische Früchte wie z.B. Litschi, Mango, Papaya oder Kumquat in Mitteleuropa nur selten auf dem Markt zu finden. Sie waren besonders in den Wintermonaten eine begehrte Abwechslung im angebotenen Früchtesortiment. Dank der immer schnelleren und schonenderen Transportmöglichkeiten sind heute viele exotische

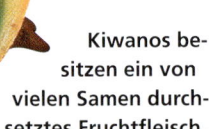

Kiwanos besitzen ein von vielen Samen durchsetztes Fruchtfleisch.

Utensilien, die für die Vermehrung nützlich sind.

Früchte regelmäßig, manchmal sogar das ganze Jahr über bei uns erhältlich. Viele reizt nicht nur der andersartige Geschmack und das außergewöhnliche Aussehen dieser Früchte, sondern auch die Möglichkeit, aus den enthaltenen Samen neue Pflänzchen selbst zu ziehen und sich an ihrem Wachsen und Gedeihen zu erfreuen. Da diese Arten vorwiegend aus tropischen und subtropischen Klimazonen stammen, sind sie für eine Kultivierung im Haus oder unter Glas geeignet.

WAS MAN BEIM EIN- KAUF DER FRÜCHTE BEACHTEN SOLLTE

Früchte mit Samen

Die meisten der in diesem Buch beschriebenen Arten werden durch Aussaat vermehrt. Da die Samen jedoch nicht unbegrenzt lagerfähig sind und sie manchmal nur wenige Tage oder Wochen keimfähig bleiben, ist es wichtig, sie so schnell wie möglich auszusäen. Daher sollten die ausgewählten Früchte möglichst frisch auf den Markt gekommen sein. Dank der schnellen Trans-portwege ist Frische in der Regel gewährleistet.

Allerdings sollte man schon beim Kauf die Früchte sorgsam auswählen und ihre Samen nicht über eine längere Zeit aufbewahren oder sie austrocknen lassen, denn dies kann die Keimfähigkeit beeinträchtigen. Die Samen sollten daher möglichst gleich nach Verzehr der Früchte in vorbereitete Pflanzenschalen ausgesät werden.

Zur Nachzucht eignen sich makellose Früchte, die keinerlei Druck- und Faulstellen oder Verfärbungen auf-weisen. Ist nämlich die Schale beschädigt oder die Frucht nicht mehr einwand-frei, besteht die Gefahr, dass das Fruchtfleisch im Innern verdorben oder zumindest von minderer Qualität ist, und darunter könnte auch die Keimfähigkeit der Samen gelitten haben.

Vegetative Vermehrung

Für die vegetative Vermehrung werden in Ermangelung von Samen bestimmte Pflanzenteile zum Austreiben gebracht. Von den hier beschriebenen Arten können die Ananas (da die Kul-

Bei Kiwis sind zahlreiche schwarze Samen um den weißen Mittelteil angeordnet.

Grapefruitsamen

eine optimale Erfolgsquote zu erzielen, sollten die Pflanzenteile möglichst frisch sein. Wenn sie schon vertrocknet oder welk sind, verringert sich die Chance auf eine erfolgreiche Bewurzelung.

Bei der vegetativen Vermehrung entstehen die Pflänzchen nicht durch eine Rekombination des Erbgutes, wie es bei Samen der Fall ist, sondern sie besitzen dasselbe Erbgut der Mutterpflanze und somit auch deren Eigenschaften.

turform keine Samen enthält) und der Ingwer, von dem nicht die Früchte, sondern der Wurzelstock verwendet wird, vegetativ vermehrt werden. Um hierbei

Der Pinienzapfen ① besteht aus zahlreichen hartschaligen Piniennüssen ②, in deren Innern sich die hellen Pinienkerne ③ befinden.

①

② ③

AUF FRISCHE KOMMT ES AN

Die größte Chance, möglichst frische exotische Früchte zu bekommen, hat man in der Großmarkthalle oder an Marktständen, die sich auf exotisches Obst und Gemüse spezialisiert haben. Ebenso erhält man eine gute Qualität im Feinkosthandel oder in kleinen Fachgeschäften, die von Händlern aus südeuropäischen Ländern betrieben werden, da diese oft über andere Bezugsquellen verfügen und die Ware auf direkterem Weg in die Läden gelangt.

TIPP: Bei der vegetativen Vermehrung der Ananas kann durch den Einsatz von Bewurzelungshormon, das in Pulverform im Fachhandel erhältlich ist, die Wurzelbildung gefördert werden.

FRUCHT UND SAMEN

Die Frucht geht nach erfolgreicher Bestäubung der Blüte aus dem Fruchtknoten hervor. Je nach Beschaffenheit unterscheidet man Einzelfrüchte, Sammelfrüchte und Fruchtstände. Die hier beschriebenen Arten bringen alle so genannte Schließfrüchte hervor, d.h., der Samen wird von der Frucht umschlossen und mit dieser verbreitet.
Man unterscheidet Beeren-

früchte, bei denen saftiges Fruchtfleisch einen oder mehrere Samen umschließt, Nussfrüchte, deren hartwandiges Gehäuse den Samen umgibt (manchmal wird auch ein fleischiger Samenmantel ausgebildet wie bei der Litschi) und Steinfrüchte, zu denen neben unserem einheimischen Steinobst die Mango zählt.
Bei Scheinfrüchten sind die eigentlichen Früchte nur in das fleischige Blütenachsengewebe eingebettet. Ein Beispiel hierfür ist die Feige mit

den winzigen Nussfrüchten im Innern. Eine Scheinfrucht ist ebenfalls die Ananas, die einen ganzen Fruchtstand bildet. Dem fleischigen Gewebe liegen zahlreiche miteinander verwachsene Beerenfrüchte auf. Im Samen befindet sich der Pflanzenembryo, der eine Keimwurzel und eine Sprossknospe besitzt. Je nachdem, ob es sich um eine ein- oder zweikeimblättrige Pflanze handelt, ist er von ein oder zwei winzigen Keimblättern umgeben. Reservestoffe sind in den Keimblättern oder in dem als Endosperm bezeichneten Nährgewebe enthalten. Das Ganze ist von einer mehr oder weniger dick ausgebildeten Samenschale umgeben. Dort, wo der Samen in der Frucht befestigt ist, befindet sich eine feine Öffnung, durch die sich beim Keimen die erste Wurzel schiebt. Die Größe eines Samens kann sehr stark variieren, wie der Vergleich eines Mangosamens mit einem Feigensamens verdeutlicht.

VORBEHANDLUNG DER SAMEN

Um einen möglichst guten Keimerfolg zu erzielen, kann es notwendig sein, die Samen zuvor einer speziellen Behandlung zu unterziehen. Manche Samen benöti-

① Zweikeimblättriges (= dikotyl) und ② einkeimblättriges (= monokotyl) Pflänzchen mit Keimblättern

Badethermometer

Für die Wasserbeizung verwenden Sie am besten einen Kochtopf.

gen eine gewisse Ruhezeit, um ihre Keimfähigkeit zu erlangen. Die Samen der meisten Tropenfrüchte sind allerdings schon keimfähig, wenn man die reifen Früchte erhält.

Reinigung
Vor dem Aussäen werden die Samen vorsichtig den Früchten entnommen, damit sie nicht beschädigt werden. Anschließend werden sie gründlich mit lauwarmem Wasser abgewaschen, da eventuell anhaftende Reste von Fruchtfleisch die Keimung behindern können. Sollte sich das Fruchtfleisch schlecht entfernen lassen, kann man die Samen vorsichtig zwischen Küchenkrepp reiben, bis sie sauber sind.

Stratifizieren
Samen von Pflanzen, die in ihrem natürlichen Lebensraum Kälteperioden überstehen müssen, werden erst keimfähig, wenn sie eine längere Kälteruhe gehalten haben. Sie müssen stratifiziert, d.h. für vier bis sechs Wochen bei niedrigen Temperaturen gelagert werden. Dazu legt man sie – in Torf eingebettet – in einer Plastiktüte in den Kühlschrank. Stammen die Samen von Arten, die Frost ausgesetzt sind, kann man sie vorübergehend in Eiswürfelbehältern einfrieren.

Wasserbeizung
Bei manchen Samen empfiehlt es sich, eine Wasserbeizung durchzuführen. Hierzu legt man die gereinigten Samen für 20 Minuten in 50 °C warmes Wasser. Die Temperatur lässt sich gut mit einem Badethermometer kontrollieren. Durch die Hitze werden schädliche Organismen auf der Samenoberfläche abgetötet, die zu Fäulnis führen könnten. Welche Samen welcher Vorbehandlung unterzogen werden müssen, wird jeweils bei der Beschreibung der einzelnen Arten angegeben.

Torfquelltöpfchen –
auch Torfpellets genannt

DIE RICHTIGEN WACHSTUMS-BEDINGUNGEN

Substrat

Das Substrat oder die Pflanzerde verleiht der Pflanze die nötige Standfestigkeit, versorgt sie mit Nährstoffen und hilft bei der Regulierung des Wasserhaushaltes. Zur Anzucht von exotischen Pflanzen sollte man keine normale Gartenerde verwenden, da diese Mikroorganismen und Samen wilder Pflanzen enthält, die den Samen schädigen oder eine Keimung verhindern könnten. Abhilfe würde hier nur ein 15-minütiges Sterilisieren im Backofen bei 120 °C schaffen.

Wer sich diese recht geruchsintensive Prozedur ersparen möchte, sollte spezielle Anzuchterde kaufen. Sie hat den Vorteil, dass Nährstoffgehalt, Wasseraufnahmekapazität und Luftdurchlässigkeit die Keimung unterstützen und den Bedürfnissen der Sämlinge entsprechen. Die Anzuchterde wird am besten in die Kammern von speziellen Anzuchtschalen gefüllt. Diese können aus Kunststoff oder aus Torf gefertigt sein. Beim Umtopfen lassen sich die Pflänzchen mit dem Erdballen besser entnehmen bzw. werden mitsamt dem Torftopf umgesetzt. Besonders bei Samen, auf die ein hoher Nährstoffgehalt keimhemmend wirken würde, oder für Jungpflanzen, deren Nährstoffbedarf sehr gering ist, empfiehlt sich der Einsatz eines Erde-Sand-Gemisches oder so genannter Torfquelltöpfchen. Dies sind gepresste Torfpellets, die in getrockneter Form in unterschiedlichen Packungsgrößen im Handel sind. Vor der Verwendung werden sie für etwa eine halbe Stunde in lauwarmem Wasser eingeweicht, wodurch sie auf ein sechs- bis siebenfaches ihrer ursprünglichen Größe aufquellen. Das Torfsubstrat wird dabei von einem hauchdünnen Netz zusammengehalten. In

diese Töpfchen werden die Samen direkt eingesät. Da die zarten Wurzeln später das dünne Netz durchdringen, können die Jungpflanzen mitsamt den Töpfchen äußerst schonend umgetopft werden. Die Torfpellets sind keimfrei, enthalten keine Nährstoffe und sind daher für die Keimung optimal. Denn Samen benötigen zum Keimen keine Nährstoffe und auch der Sämling zehrt in den ersten Wochen noch von den schon im Samen enthaltenen Nährstoffen.
Wegen ihrer praktischeren Handhabung und ihrer garantierten Keimfreiheit sind Torfpellets für die Aussaat fast aller Samen zu empfehlen.

Anzuchtbehälter

Die Samen exotischer Pflanzen benötigen zur Keimung eine konstant hohe Temperatur und eine hohe Luftfeuchtigkeit. Zudem werden die Bildung der Wurzeln und das Austreiben bei der vegetativen Vermehrung durch Wärme und Feuchtigkeit begünstigt. Spezielle Anzuchtbehälter sorgen hier für das richtige Kleinklima. Solche Mini-Treibhäuser werden in den unterschiedlichsten Ausführungen im Handel angeboten. Die Auswahl reicht von einfachen Plastikschalen mit Deckel,

Torftöpchen und Anzuchterde

in die zehn Torfpellets passen, bis hin zu gläsernen Gewächshäuschen mit integrierter Heizung. Sogar ein ausgedientes Aquarium mit einer Abdeckscheibe kann zu einem kleinen

Treibhaus umfunktioniert werden. Bei allen Arten von Behältern ist es jedoch sehr

wichtig, dass sie möglichst heiß ausgewaschen werden, damit keine schädlichen Mikroorganismen zu Fäulnis, Schimmel oder Ähnlichem führen können.

Zur Aussaat eignen sich mit Erde gefüllte Kunststoffschalen ① oder auch Einweckgläser ②.

TIPP: Für die ersten Aussaatversuche kann man sich auch mit einfachen Mitteln aus dem Haushalt behelfen. In ein großes Einweckglas werden zuerst Steine zur besseren Drainage und darüber eine dicke Schicht feuchte Anzuchterde gefüllt. In die Erde werden die Samen gesetzt. Man verschließt das Gefäß mit einer Plastikfolie, um das feuchte Klima zu erhalten, und stellt es an einen warmen Platz.

Temperatur

Ausschlaggebend für den Keimerfolg ist u.a. die Bodentemperatur, die normalerweise 2 – 5 °C tiefer liegt als die Umgebungstemperatur. Sie sollte im Anzuchtbehälter mit einem Thermometer überwacht werden. Die optimale Keimtemperatur liegt meistens im Bereich zwischen 20 und 30 °C. Um die entsprechende Bodentemperatur zu erhalten, stellt man das Anzuchtgefäß in der Nähe einer Heizung oder oberhalb eines Heizkörpers auf, wobei die Temperatur nicht zu stark schwanken darf. Durch Unterlegen von Zeitungspapier lässt sie sich in begrenztem Maße regulieren. Genauer und bequemer erreicht man eine optimale Temperatur durch den Einsatz einer so genannten Flächenheizung, die im Fachhandel erhältlich ist. Es gibt sogar Mini-Treibhäuser mit thermostatgeregelten Bodenheizungen.

Feuchtigkeit

Samen und Keimlinge müssen immer feucht gehalten werden. Es darf sich aber keine Staunässe bilden, da die zarten Pflänzchen sonst schnell verrotten würden. Zum Gießen nimmt man am besten abgekochtes Lei-

Hygrometer

Das beheizbare Zimmergewächshaus und die Ballbrause sind ideale Hilfsmittel.

tungswasser oder destilliertes Wasser, um nicht unnötig Keime einzuschleppen. Da sich in abgedeckten Anzuchtbehältern die Feuchtigkeit gut hält, muss nur etwa einmal wöchentlich gewässert werden.

Licht

Die meisten Samen benötigen für die Keimung kein Licht. Sie müssen daher vollständig mit Erde bedeckt werden, und zwar etwa drei- bis fünfmal so hoch, wie der Samen dick ist. Manche Samen wie z.B. die von Kiwis benötigen zum Keimen Licht, sie werden nur auf der Substratoberfläche verteilt.

KEIMUNG UND ABHÄRTUNG

Wie schnell ein Samen keimt, hängt von der Pflanzenart und der Temperatur ab sowie davon, ob der Samen von keimhemmenden Substanzen umgeben ist. Die Zeit von der Aussaat bis zur Keimung beträgt zwischen wenigen Tagen und mehreren Monaten, sodass bei einigen Pflanzenarten dem Hobbygärtner ein gehöriges Maß an Geduld abgefordert wird.
Die Keimung beginnt damit, dass sich kleine Würzelchen bilden. Erst danach erscheint der Trieb mit ein

oder zwei Keimblättern. Sobald sich das winzige Pflänzchen aus der Erde schiebt, benötigt es Licht. Das Anzuchtgefäß wird nun an ein helles Fenster gestellt, sollte aber vor praller Mittagssonne geschützt werden. Um die Sämlinge allmählich etwas abzuhärten, kann man die Abdeckung des Anzuchtgefäßes nun ein Stück öffnen und in den nächsten Tagen den Lüftungsspalt immer weiter vergrößern, bis der Deckel ganz abgenommen werden kann.
Die Sämlinge haben in den ersten Wochen einen enorm hohen Lichtbedarf. Daher

entscheidet sich in dieser kritischen Phase, ob die Pflanze später gut gedeiht oder verkümmert. Wenn besonders im Winter die natürliche Beleuchtung auf der Fensterbank nicht ausreicht, kann man die Pflänzchen zusätzlich mit einer speziellen Pflanzenlampe beleuchten. Anfangs bestrahlt man 16 – 18 Stunden. Ist die Pflanze schon kräftiger geworden und hat einige Blätter entwickelt, reichen zwölf Stunden aus. Beim künstlichen Beleuchten muss man darauf achten, dass die Pflanzen durch die abgegebene Wärme nicht zu Schaden kommen.

Pflanzenlampen decken den Lichtbedarf.

1. Beim Pikieren zuerst ein Loch vorstanzen

2. Nun das Pflänzchen vorsichtig festdrücken

PFLEGE DER JUNGPFLANZEN

Hat sich der zarte Keimling zu einer kräftigen Jungpflanze mit gesundem Trieb und intensiv gefärbten Blättern entwickelt, ist die kritischste Phase überstanden. Wenn Sie die Pflanzen in Torftöpfchen herangezogen haben, müssen Sie sie etwa ein bis zwei Monate nach Entwicklung der ersten Laubblätter düngen. Die Nährstoffreserve in den Samen ist dann aufgebraucht und man muss nun regelmäßig Nährstoffe von außen zuführen. Und zwar durch Umtopfen in frische Erde und mittels Düngen mit Flüssigdünger.

Granatapfelpflänzchen im Alter von fünf Wochen

Ist der kleine Torfballen vollständig durchwurzelt, wird die Pflanze mitsamt dem Ballen in einen Topf mit frischer, sauberer, keimfreier Blumenerde gesetzt.

BENÖTIGTE MATERIALIEN

- ▶ Torfpellets oder Anzuchterde
- ▶ Anzuchtbehälter ggf. mit Flächenheizung
- ▶ keimfreies Wasser zum Gießen
- ▶ ggf. eine Pflanzenlampe
- ▶ Blumentöpfe
- ▶ keimfreie Blumenerde zum Umtopfen
- ▶ Steine oder Tonscherbe für Drainage
- ▶ Flüssigdünger
- ▶ Bewurzelungshormon (bei vegetativer Vermehrung)

Wurden die Pflänzchen in Schalen mit Anzuchterde ausgesät, so werden sie vorsichtig mit der umgebenden Erde, um die Wurzeln nicht zu beschädigen, in kleine Töpfe umgesetzt. Wurden die Samen zu dicht gesät, müssen die Keimlinge vorher eventuell pikiert (ausgedünnt) werden, wobei nur die kräftigsten belassen werden.

Die Töpfe sollten Sie nie zu groß auswählen. Lieber topft man einmal mehr um, sobald der Erdballen wieder gut durchwurzelt ist. So wird die Wurzelbildung und dadurch auch das Wachstum der Pflanze angeregt. Damit das Gießwasser besser ablaufen kann, legt man auf den Topfboden ein paar Steine oder eine Tonscherbe, bevor die Erde eingefüllt wird.

Zur Erhöhung der Luftfeuchtigkeit sollten die Pflänzchen regelmäßig mit kalkfreiem Wasser besprüht werden. Beim Gießen ist Staunässe zu vermeiden, da hierdurch die Wurzeln schnell verfaulen. Normale Zimmertemperatur reicht in der Regel für die Pflanzen aus. Einem erhöhten Licht- und Wärmebedarf kann man durch den Einsatz einer Pflanzenlampe entsprechen. In den ersten Wochen die Pflänzchen noch vor praller Sonne schützen.

Exotische Keimlinge auf einen Blick

KANN MAN EIGENE FRÜCHTE ERNTEN?

Bei der Anzucht von neuen Pflanzen aus Samen kommt es oft vor, dass die entstandenen Pflanzen leider nicht exakt die Eigenschaften der Mutterpflanze besitzen. Es kann also sein, dass sie minderwertige oder sogar überhaupt keine Früchte hervorbringen, auch wenn die Samen aus einer großen, prächtigen Frucht stammten.

Der Grund dafür ist, dass das Erbgut beider Elternteile in den Samen neu kombiniert wird und bestimmte Eigenschaften deshalb verloren gehen oder sich verändern können. Aus diesem Grunde werden die meisten Obstbäume und -sträucher auch nicht durch Aussaat, sondern vegetativ vermehrt oder durch Pfropfung veredelt. Somit kann z.B. bei der Ananas oder bei manchen Zitrusfrüchten (siehe Seite 28), bei denen die neuen Pflanzen vegetativ entstehen, eher mit einer Ernte gerechnet werden, als bei Pflanzen, die aus Samen gezogen wurden.

Prächtige Blütenbüschel zieren den Kiwistrauch im Frühjahr.

Stehen die Pflanzen optimal, bringen sie viele Früchte hervor.

Pflanzenporträts von A–Z

Kiwi, Litschi und Melone

Das Angebot an exotischen Früchten wird immer abwechslungsreicher. Eine Vielzahl eignet sich für die Anzucht von neuen Pflanzen. Im Folgenden werden die wichtigsten Arten in alphabetischer Reihenfolge sortiert nach ihrem wissenschaftlichen Namen vorgestellt.

KIWI, CHINESISCHE STACHELBEERE
(Actinidia deliciosa)

Die Kiwi gehört zur Familie der Strahlengriffel (*Actinidiaceae*). Die hühnereigroßen Beerenfrüchte haben grünes Fruchtfleisch und eine raue, mit winzigen Haaren bedeckte, braune Schale. Schneidet man die Frucht quer durch, erkennt man den ehemaligen Blütengriffel als weißen Mittelteil, um den strahlenförmig (Name!) zahlreiche Kammern angeordnet sind. In diesen Kammern sind die winzigen Samen eingebettet.
Herkunft: Die Kiwi stammt ursprünglich aus China, wo sie schon vor mindestens 1000 Jahren kultiviert wurde. Aber erst um 1900 wurde sie in Europa, den USA und Neuseeland eingeführt. Neuseeland ist bis heute das Haupterzeugerland für diese Früchte. Der Name Kiwi stammt vermutlich daher, dass die Neuseeländer die Früchte mit der braunen, haarigen Schale im Aussehen mit ihrem flugunfähigen Wappenvogel, dem Kiwi, verglichen haben.

Beispiele für Pflanzenarten, die Sie aus Samen ziehen können.

Aussaat: Die winzigen Samen werden zunächst gründlich gereinigt und auf Filterpapier oder Küchenkrepp getrocknet. Um ihre Keimfähigkeit zu erlangen, müssen sie stratifiziert werden, indem sie mindestens 30 Tage lang bei 1–6 °C im Kühlschrank aufbewahrt werden. Allerdings ist bei Importfrüchten die Wahrscheinlichkeit sehr hoch, dass die Früchte während des Transportes in Kühlräumen gelagert wurden, sodass sich eine Stratifikation erübrigt. Um sicherzugehen, sollte man zumindest einen Teil der Samen entsprechend vorbehandeln. Zur Aussaat legt man die Samen auf feuchte Torftöpfchen oder Anzuchterde und drückt sie nur leicht ein, da sie zum Keimen Licht benötigen. Eine Keimtemperatur von 18–20 °C reicht aus. Nach etwa zwei bis drei Wochen er-

scheinen die ersten Keimlinge. Sie werden an ein helles Fenster gestellt und gut feucht gehalten, wobei Staunässe zu vermeiden ist. Da die Samen so klein sind, erscheinen häufig zu viele Pflänzchen auf engem Raum. Sie müssen ausgedünnt werden, indem nur die stärksten belassen werden.

Jungpflanze: Schon die jungen Pflanzen können im Sommer draußen an einen windgeschützten Platz gestellt werden. Eine monatliche Düngung reicht aus. Die Erde darf nicht austrocknen. Im ersten Jahr müssen sie auf alle Fälle frostfrei überwintern. Während dieser Zeit brauchen sie nur wenig Wasser und keinen Dünger, da die Blätter im Herbst abfallen. Bevor die Pflanze im nächsten Frühjahr neu austreibt, sollte umgetopft werden.

Weitere Pflege: Kiwis sind Rankpflanzen und können bis zu 10 m

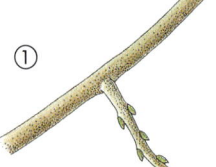

Winterschnitt:
Die Kiwi-Jungtriebe werden im Winter auf fünf bis sechs Knospen eingekürzt.

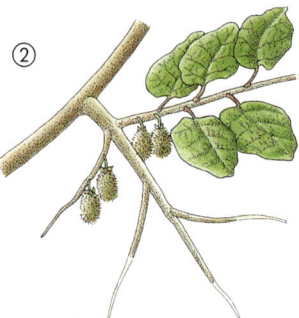

Sommerschnitt: Im folgenden Sommer haben sich Früchte gebildet. Damit diese mehr Licht abbekommen, werden die Triebe auf fünf bis sechs Blätter hinter den Früchten eingekürzt.

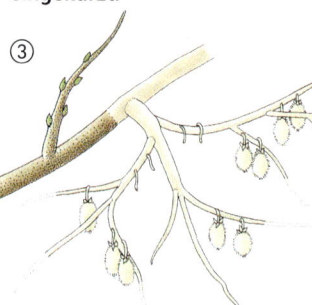

Winterschnitt: Die abgetragenen Bereiche werden im Winter entfernt und auf einen neuen Jungtrieb aufgeleitet, der sich näher an der Basis gebildet hat.

Junge Kiwipflänzchen

Kiwis ranken sogar am Balkongitter entlang.

lange Triebe bilden. Daher brauchen größere Pflanzen eine Stütze oder ein Spalier, an dem sie sich entlang bzw. hoch ranken können. Ideal gedeihen sie in Gewächshäusern, die im Winter nicht so stark beheizt werden. In milden Klimaten können sie an geschützten Stellen auch draußen überwintern. Sie sind bis -12 °C frostfest. Im Herbst und Frühjahr können sie zurückgeschnitten werden.

Mit einer Blüte ist bei selbst gezogenen Pflanzen frühestens nach sieben Jahren zu rechnen. Da Kiwis zweihäusig sind, müssen unbedingt männliche und weibliche Pflanzen nebeneinander wachsen, wenn eine Bestäubung erfolgen soll. Die 3-4 cm großen, weißen Blüten erscheinen im Frühjahr.

TIPP: Mittlerweile gibt es im Fachhandel speziell für unsere Breitengrade gezüchtete Kiwi-Sorten für den Garten, die bis -30 °C frostfest sind. An sonnigen Standorten bringen sie reiche Erträge, sofern sie gut gepflegt und geschnitten werden. Ihre Früchte sind etwas kleiner als die der Importware

ANANAS
(Ananas comosus)

Die Ananas zählt zur Familie der *Bromeliaceae* oder Ananasgewächse, unter denen es viele Vertreter gibt, die als Schmarotzer auf anderen Pflanzen leben. Die Ananas ist jedoch eine mehrjährige, krautige Pflanze, die im Boden wurzelt und unempfindlich gegen Hitze und Trockenheit ist. Die länglich schmalen, dickfleischigen Blätter dieser einkeimblättrigen Pflanze sind am Rand stachelartig gezähnt und bilden eine Rosette. Im Alter von 10 bis 20 Monaten schiebt sich aus der Rosettenmitte ein fleischiger Blütenstiel, an des-

Vegetative Vermehrung der Ananas

sen Spitze sich ein Blütenstand mit zahlreichen violetten Blüten bildet. Ohne Befruchtung entsteht eine samenlose Scheinfrucht, die aus der verdickten fleischigen Blütenachse und den an der Oberfläche befindlichen zusammengewachsenen Einzelbeeren besteht.
Herkunft: Die Ananas stammt ursprünglich aus den Tropengebieten Brasiliens. Sie wurde dort schon lange vor Entdeckung der Neuen Welt kultiviert. Zu Beginn des 19. Jahrhunderts gelangte sie nach Hawaii, wo sie heute noch in riesigen Mengen – wie auch in einigen anderen tropischen Ländern – angebaut wird. Die Früchte reifen das ganze

Jahr über und sind bei uns durchgängig erhältlich.
Vermehrung: Wegen ihrer Samenlosigkeit lassen sich Ananas nur vegetativ vermehren. Hierzu schneidet man die Blattrosette am oberen Ende der Frucht zusammen mit einer 2 cm dicken Scheibe Fruchtfleisch ab. Dann entfernt man das Fruchtfleisch und die unteren Blätter der Krone, bis ein etwa 2 - 3 cm langes Stück Stamm freiliegt, an dem oft schon kleine Würzelchen zu erkennen sind. Dieses freie Ende wird nun in Bewurzelungshormon getaucht und in ein leicht feuchtes Erde-Sand-Gemisch

Ananaspflänzchen

(im Verhältnis 1:1) gepflanzt. Der Topf sollte so groß gewählt werden, dass rundherum etwa 2 cm Platz bis zum Rand sind. Der eingepflanzte Blattschopf wird warm (21 - 27 °C) gestellt. Die Erde sollte immer leicht feucht sein. Regelmäßiges Besprühen der Blätter mit kalkfreiem Wasser ist günstig. Sobald sich in der Rosettenmitte neue Blätter bilden, ist die Pflanze gut angewurzelt und beginnt zu wachsen.

Jungpflanze: Die Ananaspflanze wird an einen möglichst sonnigen Platz gestellt. Das Substrat darf zwischendurch ruhig einmal austrocknen. Es reicht aus, wenn Sie die Pflanze im Frühsommer ein einziges Mal umtopfen.

Weitere Pflege: Ananaspflanzen sind recht genügsam. Nur im Sommer werden sie alle 14 Tage mit Flüssigdünger versorgt, wobei man die Nährlösung direkt in die Rosettenmitte gießt, da die Pflanze Nährstoffe auch durch die Blätter aufnimmt. Auf keinen Fall darf zu viel gedüngt werden. Die Temperatur sollte den Sommer über 20 - 30 °C betragen. Unterhalb von 20 °C wird das Wachstum verlangsamt. Im Winterhalbjahr sollte die Temperatur auf keinen Fall unter 15 °C fallen. Bei Frost sterben die Pflanzen ab.

Im zweiten Jahr fangen die Pflanzen normalerweise an zu blühen. Sollte im dritten Jahr noch keine Blüte erscheinen, kann man etwas nachhelfen. Man halbiert einen reifen Apfel und legt eine Hälfte mit der Schnittkante nach oben auf die Erde und die andere Hälfte in die Rosettenmitte. Dann stülpt man eine Plastiktüte über die Pflanze. Das von den Äpfeln verströmte Ethylen stimuliert die Blütenbildung. Nach zwei bis vier Wochen sollte sich eine Blüte bilden. Sobald man den Ansatz erkennt, entfernt man die Tüte und die Apfelstücke. Die Blüte benötigt vier bis sechs Monate zum Aufblühen. An einem sehr sonnigen Standort kann sich sogar eine Frucht entwickeln.

TIPP: Da die Früchte unreif geerntet werden und einen langen Transport hinter sich haben, sind sie nicht immer von optimaler Qualität. Die so genannten „Flugananas" sind zwar teurer, gelangen aber schneller bei uns auf den Markt und sind in der Regel von besserer Qualität, da sie länger an der Pflanze reifen können.

Junge Ananasfrucht an Pflanze

CHERIMOYA
(Annona cherimola)

Die Cherimoya gehört zur Familie der Annonengewächse (*Annonaceae*). Die Früchte mit dem eigentümlichen Aussehen sind bei uns zwar regelmäßig, jedoch nicht das ganze Jahr über erhältlich.

Cherimoyas können bis zu 20 cm groß werden, bleiben aber meist kleiner. Die Schein- oder Sammelfrüchte haben die Form einer Erdbeere und besitzen eine schuppige, ledrige Schale, die zunächst grün ist und sich dann allmählich braun verfärbt. Das weiche, cremefarbene Fruchtfleisch hat eine ähnliche Konsistenz wie eine weiche Birne. Wegen des zarten, cremigen Aromas wird die Cherimoya auch Rahmapfel oder Cremefrucht genannt. In das Fruchtfleisch sind 30 bis 40 10 - 15 mm große Samen eingebettet.

Herkunft: Die Heimat der Cherimoyas sind die Andengebiete Perus und Ecuadors. Die Bäume gedeihen am besten in Lagen über 800 m Höhe. Heute werden sie zudem in Asien, Afrika und Südeuropa angebaut.

Aussaat: Die Samen werden vom Fruchtfleisch befreit, abgewaschen und einer Wasserbeizung (20 Minuten bei 50 °C) unterzogen.

In der Cherimoya befinden sich 30 bis 40 große Samen.

Dann setzt man je zwei bis drei Stück in ein Torftöpfchen. Die Töpfchen werden möglichst warm (20 - 25 °C) gestellt. Nach zwei bis vier Wochen erscheinen die Keimlinge. Die kleinen Pflänzchen haben manchmal Probleme, sich von der Samenschale zu befreien, sodass man eventuell „Geburtshilfe" leisten muss, indem man sehr vorsichtig die Samenschale von den Keimblättchen abzieht.

Jungpflanze: Die Sämlinge werden bei Zimmertemperatur hell gestellt, aber nicht sonnig. Die Pflänzchen brauchen viel Feuchtigkeit und sollten regelmäßig mit temperiertem Wasser besprüht werden. Ein- bis zweimal im Monat wird gedüngt.

Weitere Pflege: Im Sommer sind Temperaturen zwischen 21 und 29 °C ideal. Überwintert werden sollte bei 15 - 20 °C, auf keinen Fall unter 10 °C. Ältere Pflanzen halten kurzfristig leichten Frost aus. Wenn im späten Frühjahr die Blüten erscheinen, fallen zuvor die Blätter ab. Blüten und Blätter duften angenehm.

ERDNUSS
(Arachis hypogaea)

Die Erdnuss ist eine einjährige Pflanze, die zur Familie der Schmetterlingsblütler (*Fabaceae*) gehört. Die Frucht ist eine nussartige Hülse mit einer brüchigen, netzartigen, gelbbraunen Wand, in der sich normalerweise zwei hellbraune Samen befinden, die von einer hauchdünnen, dunkelbraunen Haut überzogen sind. Die Samen sind zweigeteilt. Die beiden Hälften haben die Form einer Kaffeebohne. An einem Ende des Samens kann man schon den kleinen Pflanzenembryo erkennen, aus dem sich der Keimling entwickelt.

Herkunft: Die trockenheitsliebende Erdnuss stammt ursprünglich aus Südamerika. Mit Sklavenhändlern gelangte sie nach Afrika und von da nach Ostasien. Hauptanbauländer sind die USA, Afrika, Indien und China.

Aussaat: Zum Aussäen eignen sich nur die Samen von unbehandelten Früchten. Hierzu öffnet man vorsichtig die brüchige Schale und nimmt die Samen so heraus, dass sie nicht auseinander fallen. Dann pflanzt man sie einzeln in Torftöpfchen oder zu mehreren nicht zu dicht in eine Schale mit Anzuchterde und bedeckt sie 2 - 3 cm dick mit Substrat. Zum Keimen sollten sie bei einer Temperatur von mindestens 21 °C gut feucht gehalten werden. Die nach zwei bis drei Wochen erscheinenden Sämlinge stellt man nun sonnig und warm.

Jungpflanze: Die jungen Pflanzen müssen zunächst reichlich gegossen, aber nicht gedüngt werden. Später darf die Erde zwischendurch auch einmal austrocknen. Die optimale Temperatur liegt bei 25 - 28 °C. Die wechselständig angeordneten gefiederten Blättchen ziehen sich nachts zusammen.

Da die Pflanzen Pfahlwurzeln bilden und sich die Früchte im Boden entwickeln, sollte das Substrat locker und tiefgründig sein. Stehen die Pflanzen zu dicht in einer Schale, müssen sie

Erdnusspflänzchen haben anfangs einen hohen Wasserbedarf.

ausgedünnt werden. Pflänzchen in Torftöpfchen werden in breite Töpfe oder Schalen umgesetzt.

Nach einigen Monaten entwickeln sich in den Achseln der unteren Blätter die gelben Blüten, die sich selbst bestäuben. Nach dem Verblühen senken sich die Blüten ab und schieben den Fruchtknoten in den Boden, wo sich die Früchte entwickeln. Daher rührt der Name Erdnuss.

In den nussartigen Erdnussfrüchten befinden sich die Samen.

KARAMBOLA, STERNFRUCHT
(Averrhoa carambola)

Die Karambola ist ein tropischer Vertreter der Sauerkleegewächse (*Oxalidaceae*). An dem bis zu 10 m hoch werdenden Baum erscheinen rosafarbene Blütenrispen. Aus ihnen entwickeln sich bis zu 12 cm lange Beerenfrüchte, die leicht an der unverwechselbaren Form zu erkennen sind. Sie sind so in fünf Segmente unterteilt, dass ihr Querschnitt einen fünfzackigen Stern ergibt. Die zunächst grünlichen Früchte mit der wachsartig glatten Schale verfärben sich bei Vollreife goldgelb. Spätestens wenn sich die Kan-

Sternfrüchte sind sowohl im geschlossenen als auch im aufgeschnittenen Zustand dekorativ.

ten der „Zacken" bräunlich verfärben, sollte die Frucht verzehrt werden. Das gelbe, saftige Fruchtfleisch duftet nach Jasmin und hat einen säuerlichen Geschmack.
Herkunft: Die ursprüngliche Heimat der Karambola ist Malaysia. Von dort wurde sie in viele tropische Länder eingeführt und wird heute hauptsächlich im tropischen Amerika, in Afrika, Indien und Indonesien angebaut. Die Früchte gelangen fast das ganze Jahr über bei uns auf den Markt.

Zarte Sternfruchtpflänzchen

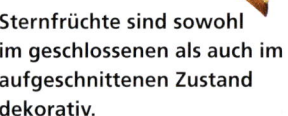

EXOTISCHER FRUCHTSALAT

Zutaten:
1 reife Karambole
1 große Orange
2 Kiwis
1 mittelgroße Banane
3 Scheiben Ananas
2 EL Rohrzucker oder Honig
2 cl weißer Rum
3 EL Zitronensaft

Zubereitung:
Alle Früchte werden in mundgerechte Stücke geschnitten und in einer Schüssel mit Zucker, Rum und Zitronensaft vorsichtig vermischt. Gut durchziehen lassen.

Aussaat: Die Früchte enthalten etwa zehn Samen, die in der Mitte in das knackige Fruchtfleisch eingebettet sind. Um die Samen zu entnehmen, schneidet man die

Frucht vorsichtig entlang der Vertiefungen längs auf, damit die weichen Kerne nicht mit zerschnitten werden. Die Samen werden dann gründlich mit lauwarmem Wasser gereinigt, sofort in Torftöpfchen (ein bis zwei Samen pro Stück) ausgesät und 0,5 cm dick mit Substrat bedeckt. Die optimale Keimtemperatur liegt bei 22 - 25 °C. Das Substrat muss immer feucht sein. Nach drei bis vier Wochen erscheinen die Keimlinge. Sie müssen hell und warm (nicht unter 22 °C) stehen. Die kleinen Pflänzchen sind sehr empfindlich und sollten ganz langsam an die veränderten Umweltbedingungen gewöhnt werden, indem der Deckel der Anzuchtschale jeden Tag immer weiter geöffnet wird, bis er schließlich ganz entfernt werden kann. Zugluft und unnötige Bewegungen schaden den Pflanzen.

Jungpflanze: Erst wenn das Torftöpfchen gut durchwurzelt ist, wird es vorsichtig in einen Topf mit lockerer Blumenerde umgesetzt. Eine Aussaat in Schalen mit Anzuchterde empfiehlt sich nicht, da durch das Umpflanzen die Würzelchen geschädigt werden können. Die Pflanzen können sowohl in der Sonne als auch im Halbschatten stehen. Sie sind sehr frostempfindlich.

Weitere Pflege: Ältere Pflanzen vertragen zwar Frost bis zu -2 °C, sollten aber möglichst auch den Winter über temperiert stehen, z.B. in einem Wintergarten. Im Sommer wird alle zwei bis vier Wochen gedüngt, im Winter nur alle ein bis zwei Monate. Nur nach Bedarf, wenn also die Erde gut durchwurzelt ist, topft man im Frühjahr um. Mit ihren feinen Fiederblättern ist die Karambola eine zarte und sehr dekorative Zierpflanze. Blüten erscheinen in den Blattachseln mehrmals im Jahr.

TIPP: Die Karambola wird unreif geerntet und gelangt oft noch grün in den Handel. Zum Nachreifen kann man die Früchte bei Zimmertemperatur lagern. Vollreife Früchte werden im Kühlschrank aufbewahrt. Zum Einfrieren eignen sie sich nicht. Die fünfzackigen Sterne, die sich beim Aufschneiden der Frucht ergeben, sind besonders dekorativ auf kalten Platten und passen gut in Frucht- oder pikante Salate.

Karambolas werden häufig noch grün geerntet.

PAPAYA
(Carica papaya)

Die Papaya gehört zur Familie der Melonenbaumgewächse (*Caricaceae*) und wird daher auch Baummelone genannt. Sie ist aber nicht mit den echten Melonen verwandt. Die Pflanzen sind keine Bäume, sondern 6 m hoch werdende Stauden, deren hohler Stamm nicht verholzt, er besteht vielmehr aus fleischigem Gewebe.

Die bei uns in den Handel kommenden Früchte wiegen bis zu 1 kg, obwohl es wesentlich größere Sorten gibt. Die ungenießbare Schale der Beerenfrüchte ist zunächst grün und färbt sich mit zunehmender Reife gelb bis orangerot. Das orangegelbe Fruchtfleisch ist weich und säurearm. In einer Höhle im Innern der Frucht befinden sich die zahlreichen schwarzen, wie Pfefferkörner aussehenden Samen.

Herkunft: Die Papaya stammt ursprünglich aus dem südlichen Mittelamerika. Heute wird die Papaya in fast allen tropischen und subtropischen Ländern zwischen dem 32. nördlichen und südlichen Breitengrad angebaut.

Aussaat: Die Samen werden zunächst gründlich gewaschen. Die anhaftende schleimige Substanz muss

Reife und unreife Papayafrüchte am Baum

Das orangefarbene Fruchtfleisch der Papaya schmeckt süßlich.

vollständig entfernt werden, weil sie keimhemmend wirkt. Hierfür reibt man die Samen am besten mit Küchenkrepp ab. Dann sät man sofort aus.

Da die Keimlinge kein Pikieren vertragen, werden nur ein oder wenige Samen in ein Torftöpfchen gesät. Die abgedeckte Anzuchtschale stellt man warm (27 °C). Nach 10 – 15 Tagen erfolgt die Keimung.

Jungpflanze: Sobald die ersten Blätter erschienen sind, setzt man das ganze Torftöpfchen vorsichtig in einen Topf mit nährstoffreicher Blumenerde. In den ersten Monaten sollte das Pflänzchen hell, aber nicht in der prallen Sonne stehen. Es braucht noch viel Wärme und hohe Luftfeuchtigkeit. Die Pflanze wächst recht schnell. Sobald sie die kritische Größe von 15 cm überschritten hat, ist sie nicht mehr so empfindlich und kann einen Sonnenplatz erhalten.

Weitere Pflege: Die Papaya liebt es immer warm und

sonnig. Die Töpfe müssen gut drainiert sein, da sie viel Wasser benötigt, bei Staunässe jedoch sofort Schaden nimmt. Alle zwei bis vier Wochen wird kräftig gedüngt, im Winter etwas weniger. Beim jährlichen Umtopfen muss man sehr vorsichtig vorgehen, damit der Wurzelballen nicht geschä-

digt wird. Die Pflanze muss immer genauso tief eingesetzt werden wie zuvor. Im Sommer darf die Temperatur ruhig auf 30 °C ansteigen, im Winter sollte sie zwischen 13 und 18 °C liegen.

TIPP: Das Fruchtfleisch der Papaya kann mit Honig, Zitrone und Sahne zu einer Gesichtsmaske verrührt werden, die gegen müde, schlecht durchblutete Haut und auch gegen Fältchen hilft.

PAPAYAS – SCHMACKHAFT UND GESUND

Die Papaya gehört zu den Früchten mit den meisten gesundheitsfördernden Inhaltsstoffen. Sie enthält viel Vitamin A und C. Das Eiweiß spaltende Enzym Papain fördert die Verdauung und wirkt entzündungshemmend. Das säurearme Fruchtfleisch ist zudem gut verträglich. Es passt in Obstsalate und harmoniert wie das Fruchtfleisch von Melonen gut mit Schinken. Zum puren Verzehr wird es mit Limettensaft beträufelt. Wer es pikant mag, kann daraus auch ein Chutney zubereiten.

ZITRUSFRÜCHTE
(*Citrus* spec.)

Es gibt ungefähr 60 verschiedene *Citrus*-Arten. Sie gehören zur Familie der Rautengewächse (*Rutaceae*). Die Bäume werden bis zu 10 m hoch. Die Blätter der meisten Arten besitzen am Blattstiel zwei Nebenblättchen. Manche Bäume sind zusätzlich mit Dornen bewehrt. Aus den aromatisch duftenden, weißlichen Blüten entwickeln sich Beerenfrüchte mit einer wachsartigen Schale, die zahlreiche mit ätherischen Ölen gefüllte Drüsenzellen besitzt. Die Schale ist je nach Art gelb, grün oder orange gefärbt und wird nicht mitverzehrt. Bei uns im Handel sind so gängige Arten wie Orangen, Zitronen, Grapefruits und Mandarinen. Aber auch Limetten und neuere Kreu-

Zitrusgewächse tragen gleichzeitig Blüten und Früchte. Hier: *Citrus limon* 'Lisbon'

zungen wie Ugli, Pomelo oder Sweetie werden immer öfter angeboten.

AUF DAS ERBGUT KOMMT ES AN

Eine Besonderheit bei Zitruspflanzen, die am häufigsten bei Zitronen und Orangen auftritt, ist die so genannte Polyembryonie. Das bedeutet, dass sich aus einem Samen zwei oder drei Pflänzchen entwickeln können. Einer der Sämlinge entsteht ganz normal durch die Verschmelzung von mütterlicher und väterlicher Keimzelle. Die anderen entstehen dagegen vegetativ und besitzen nur das Erbgut der Mutter.
An den Pflänzchen lässt sich äußerlich nicht erkennen, wie sie entstanden sind. Erst wenn sie blühen und Früchte bilden, wird man feststellen, dass die vegetativ entstandenen Exemplare Früchte von gleicher Größe und Qualität wie die Mutterpflanze hervorbringen, wogegen die anderen mit dem rekombinierten Erbgut keine oder nur minderwertige Früchte bilden.

Herkunft: Die ursprüngliche Heimat der Zitrusgewächse liegt in Südostasien. Heute werden die verschiedenen Arten mit ihren zahlreichen Sorten weltweit zwischen dem 40. Breitengrad nördlicher und südlicher Breite angebaut.
Aussaat: Viele Zitrusfrüchte sind heute kernlos gezüchtet. Dennoch gibt es immer wieder Sorten im Handel, die Samen enthalten. Die Anzucht von Zitruspflanzen aus Samen erfolgt in der Regel bei allen Arten auf dieselbe Weise.

Die Kerne werden den Früchten entnommen, lauwarm abgewaschen und sofort ausgesät. Trocknen sie aus oder werden sie länger aufbewahrt, verlieren sie ihre Keimfähigkeit. Je zwei bis drei Samen werden in ein Torftöpfchen oder ein Töpfchen mit Anzuchterde gesetzt und dünn mit Substrat bedeckt. Die Anzuchtschale stellt man nun warm (20 - 25 °C) und sorgt dafür, dass die Erde nicht austrocknet. Die Keimung erfolgt frühestens nach drei Wochen, häufig erst viel später.

Jungpflanze: Die kleinen Pflänzchen müssen immer hell und warm stehen und brauchen viel Wasser. Sobald sich drei bis vier Blätter entwickelt haben, topft man zum ersten Mal in Blumenerde um. Im Sommer wird einmal wöchentlich gedüngt, wobei die Erde zuvor nicht ausgetrocknet sein darf. Einmal jährlich wird umgetopft, bei größeren Pflanzen reicht ein Topf von etwa 30 cm Durchmesser.

Weitere Pflege: Zitruspflanzen gehören zu den wenigen exotischen Arten, die schon als große Kübel- oder Topfpflanzen im Fachhandel angeboten werden. Diese Exemplare danken einem die richtige Pflege regelmäßig mit schönen Blüten und einer Ernte.

Ob gekauft oder selbst gezogen, die Pflege der großen Pflanze ist gleich: Zitrusbäumchen können im Sommer auf den Balkon oder auf die Terrasse gestellt werden. Überwintert werden sie am besten hell bei 5 - 10 °C. Die Erde wird während dieser Zeit nur leicht feucht gehalten. Bei manchen Arten sollte auch im Winter die Temperatur nicht unter 15 °C (Grapefruit) bzw. 18 °C (Limette) fallen. Keine der Zitruspflanzen darf Frost ausgesetzt werden! Regelmäßiges Abduschen beugt einem Schädlingsbefall vor. Optimale Standorte sind Gewächshäuser und Wintergärten. Die Pflanzen können das ganze Jahr über blühen und Früchte ausbilden. Während der Entwicklung und Rei-

Pomelos besitzen eine dickwandige Schale.

Apfelsinenfrüchte am Bäumchen

fezeit der Früchte braucht die Pflanze mindestens vier bis sechs Stunden Sonne täglich. Sollte das nicht möglich sein, empfiehlt sich der Einsatz von speziellen Pflanzenlampen, mit denen die Pflanzen mindestens zwölf Stunden täglich beleuchtet werden sollten.

TIPP: Scheiben von Zitronen, Limetten oder kleinen Orangen können eingefroren und dann als aromatischer Eiswürfelersatz für Longdrinks oder Cocktails verwendet werden.

ZUCKERMELONE & WASSERMELONE
(Cucumis melo & Citrullus lanatus)

Alle Melonen gehören zur Familie der Kürbisgewächse (*Cucurbitaceae*). Es handelt sich um einjährige Rankpflanzen, die in der Regel ein mildes Klima benötigen und bei uns meistens unter Glas angebaut werden. Nur wenige Sorten gedeihen in unseren regionalen milden Lagen im Freiland.
Die Beerenfrüchte können bis zu mehreren Kilogramm schwer werden und haben meist eine kugelige oder ovale Form.

Die Schale der Zuckermelonen ist glatt, rau, warzig, gerippt oder gefurcht und kann einfarbig oder gemustert sein. Grün- und Gelbtöne herrschen vor. Die Samen befinden sich in großer Zahl in einer Höhlung im Zentrum der Frucht.
Im Gegensatz dazu sind die Samen bei der Wassermelone in der ganzen Frucht verteiltt. Die glatte Schale ist einfarbig grün oder grün gestreift. Das Fruchtfleisch ist rot gefärbt.
Herkunft: Die Heimat der Zuckermelone liegt im südlichen Asien. Die auch als

Galea-Melone

Honigmelone bezeichnete Art hat unzählig viele Varianten und Kreuzungen hervorgebracht, die sich in Aussehen, Farbe und Aroma unterscheiden.
Die Wassermelone stammt aus den tropischen und subtropischen Steppen Afrikas, wo sie heute noch wild wächst. Schon seit Jahrtausenden werden die verschiedenen Melonenarten im Mittelmeerraum und im Orient kultiviert. Heute werden sie in allen warmen Ländern der Erde angebaut.
Aussaat: Die Samen sollten möglichst nur vollreifen Früchten entnommen werden. Sie werden gründlich gereinigt und können im getrockneten Zustand luftdicht verpackt sechs bis zwölf Monate gelagert werden, ohne ihre Keimfähigkeit zu verlieren. Sie können aber auch sofort ausgesät werden. Je nach Größe setzt man fünf bis zehn Stück in ein Torftöpfchen oder in kleine Töpfe mit Anzucht-

Cucumis melo 'Benarys Zuckerkugel'

erde. Bei mindestens 20 °C keimen die Samen nach 8 – 14 Tagen, wobei die Erde immer gut feucht sein muss. Die Sämlinge müssen sofort sehr hell gestellt werden, da sie sonst zu lang werden. Sie werden nun pikiert, wobei nur die stärksten Pflanzen (ein bis zwei pro Töpfchen) belassen werden.

Jungpflanze: Die einjährigen Rankpflanzen wachsen sehr schnell. Um ihr Wachstum unter Kontrolle zu halten, sollten sie an einem Spalier oder einer anderen Stütze gezogen werden. Eine Temperatur von 18 – 21 °C reicht ihnen aus. Im Sommer können sie draußen an einen warmen Platz oder in ein Gewächshaus gestellt werden. Allerdings sollte die Temperatur nicht unter 16 °C fallen, da sonst das Wachstum gehemmt wird. Die Pflanzen haben einen hohen Nährstoffbedarf und müssen daher alle zwei Wochen gedüngt werden. Die Erde darf nie austrocknen. Die männlichen Blüten erscheinen in Gruppen, die weiblichen, an denen man schon den Fruchtansatz erkennt, einzeln. Unter optimalen Bedingungen können vier Monate nach der Keimung die ersten Früchte geerntet werden.

TIPP: Um Stängelfäule zu vermeiden, können Sie die Melonen mittels leerer Blumentöpfe wässern. Versenken Sie neben jeder Pflanze einen Topf in der Erde und füllen Sie bei Bedarf Wasser nach.

BAUMTOMATE, TAMARILLO (*Cyphomandra betacea*)

Die Tamarillo gehört wie die Tomate zu den Nachtschattengewächsen (*Solanaceae*). Sie ist keine einjährige, krautige Pflanze, sondern ein 3 – 4 m groß werdender Strauch, dessen Triebe erst im Laufe der Jahre immer stärker verholzen. Die eiförmigen Beerenfrüchte werden 8 – 10 cm lang und hängen zu mehreren an einem langen Stiel. Die glatte Schale ist im reifen Zustand je nach Sorte gelb, rot oder dunkelpurpur gefärbt. Die Schale wird nicht mitgegessen. Das rote Fruchtfleisch erinnert im Geschmack etwas an Tomaten, ist aber süßer.

Herkunft: Die Baumtomate stammt ursprünglich aus Südamerika und wird heute zudem in Afrika und Neuseeland angebaut.

Aussaat: Im Zentrum der Frucht sind die Samen kreisförmig in geleeartiges Fruchtfleisch eingebettet. Sie sehen ähnlich wie Tomatensamen aus. Mit warmem Wasser werden sie gründlich gesäubert und anschließend in Torftöpfchen oder

Walzenförmige, gelbbraune bis rote Früchte kennzeichnen die Kiwano.

Tamarillopflänzchen

Töpfe mit Anzuchterde gesetzt und leicht mit Substrat bedeckt. Die Keimtemperatur sollte bei 20 - 25 °C liegen.

Schon nach wenigen Tagen erscheinen die ersten Sämlinge. Man stellt sie hell und setzt sie in Töpfe mit Blumenerde um, sobald sich die ersten Laubblätter gebildet haben.

Jungpflanze: Die jungen Pflänzchen sehen zunächst blass und gelblich aus. Ihre herzförmigen Blätter sind weich und flaumig behaart. Nach etwa einem halben Jahr haben sich kräftige, dunkelgrüne, handtellergroße Blätter entwickelt. Die Pflanzen werden einmal wöchentlich gedüngt, um das schnelle Wachstum zu unterstützen. Sie brauchen immer viel Sonne und Wasser.

Weitere Pflege: Im Sommer kann man die Pflanzen nach draußen an einen sonnigen Platz stellen. Überwintert werden sie im Haus bei 10 - 15 °C. Dann wird nur wenig gegossen und nicht gedüngt. Im Frühjahr gewöhnt man die Pflanzen an einem geschützten, beschatteten Ort erst allmählich wieder an die Freilandbedingungen. Sie vertragen leichten Frost, werfen dann aber alle Blätter ab.

Ab dem dritten Jahr kann man mit einer Blüte und eventuell sogar mit einem Fruchtansatz rechnen. Sollte der Strauch zu groß werden, kann man ihn regelmäßig zurückschneiden.

KAKI, SHARON
(Diospyros kaki)

Die Kaki, auch Kakipflaume oder Japanische Persimmon genannt, gehört zur Familie der Eben-

Die Samen der Baumtomate sind in geleeartiges Fruchtfleisch eingebettet.

holzgewächse (*Ebenaceae*). Die 7 - 10 m hoch werdenden Bäume sind zweihäusig, d.h., sie besitzen nur entweder männliche oder weibliche Blüten. Die weiblichen Blüten sind jedoch in der Lage, ohne vorherige Befruchtung Früchte hervorzubringen. Diese enthalten dann keine Samen.

Kakis sind etwa 8 cm große Beerenfrüchte, sehen aus wie eine abgeflachte, leicht eckige Tomate und haben eine glatte orangefarbene oder rötliche Schale. Typisches Erkennungszeichen sind die vier großen Kelchblätter am oberen Ende der Frucht.

Herkunft: Die Kaki stammt ursprünglich aus Japan und China. Erst um 1800 wurde die Pflanze in Europa eingeführt und wird seit Beginn des 20. Jahrhunderts auch im Mittelmeerraum angebaut. Als typische Pflanze der Subtropen verträgt sie keine übermäßige Hitze.

Aussaat: Die Kaki ist an kältere Klimazonen angepasst (sie verträgt in entlaubtem Zustand Temperaturen bis – 18 °C), deshalb müssen die Samen stratifiziert werden. Anschließend setzt man sie in Torftöpfchen oder Töpfe mit Anzuchterde und bedeckt sie 1 cm dick mit Substrat. Die Keimtemperatur beträgt 15 – 20 °C. Die Erde sollte immer gut feucht sein.

Jungpflanze: Die Sämlinge brauchen einen hellen bis sonnigen Standort. Sie werden umgetopft, wenn das Substrat gut durchwurzelt ist. Im Frühling werden sie wöchentlich, später nur noch einmal monatlich gedüngt. Sie vertragen zwar kurzzeitige Trockenheit, die Erde sollte aber nie austrocknen. Im ersten Jahr müssen sie auf alle Fälle frostfrei überwintern.

Weitere Pflege: Da die Pflanze im Herbst ihre Blätter abwirft, kann man sie kühl und dunkel überwintern. Jetzt wird wenig gegossen und nicht gedüngt. Die Kaki ist als Kübelpflanze ideal für Wintergärten geeignet. Wegen ihrer tief reichenden Wurzeln braucht sie ein großes Pflanzgefäß. Die glänzenden, dunkelgrünen Blätter können bis zu 18 cm lang werden. Die unscheinbaren Blüten sind gelblich weiß.

Kakifrüchte ähneln im Aussehen großen Tomaten.

UNTERSCHEIDUNGSMERKMALE: SHARON UND KAKI

Die neuere Variante der Kaki, die so genannte Sharon, wurde in Israel gezüchtet und verdrängt die Kaki immer mehr vom Markt.

Die ursprünglichen Kakis enthalten im unreifen Zustand sehr viel Tannin (Gerbsäure), das erst mit zunehmender Reife abgebaut wird, sodass sie nur vollreif genießbar sind. Das Fruchtfleisch hat dann eine puddingähnliche Konsistenz. Die Schale erscheint leicht bereift, enthält noch reichlich Gerbstoffe und sollte nicht mitverzehrt werden. Die Früchte entwickeln bis zu acht Samen.

Die neuere Züchtung, die Sharon, enthält kein Tannin und kann schon vor der Vollreife mit Schale verzehrt werden. Da diese Früchte aber aus unbefruchteten Blüten hervorgehen, sind sie samenlos und für die Anzucht neuer Pflanzen nicht geeignet.

Feigen können tropfen- aber auch birnenförmig sein und enthalten zahlreiche winzige Nüsschen, die eigentlichen Früchte.

FEIGE
(Ficus carica)

Die Feige gehört wie viele beliebte Zierpflanzen zur Gattung *Ficus*, die zur Familie der Maulbeergewächse (*Moraceae*) zählt. Sie bringt auf ganz besondere Art ihre Früchte hervor: Die winzigen Blüten befinden sich in einem urnenförmigen Blütenstand mit einer kleinen Öffnung am Ende. Da die Öffnung der weiblichen Blütenstände so klein ist, können diese nicht von Bienen bestäubt werden. Eine Gallwespenart hat sich darauf spezialisiert, ihre Eier in männlichen Feigenblüten abzulegen. Die ausschlüpfenden Wespen werden mit Pollen beladen. Auf der Suche nach neuen Eiablageplätzen gelangen sie auch in weibliche Blüten und bestäuben sie auf diese Weise. Aus den befruchteten Blüten entstehen dann winzige Nüsschen, die man im Innern der Feige findet. Das eigentliche Fruchtfleisch ist der fleischige Blütenstand. Daher sind Feigen Scheinfrüchte.

Herkunft: Die ursprüngliche Heimat der Feige ist Vorderasien. Schon vor etwa 5000 Jahren wurde sie kultiviert. Heute wird sie in fast allen subtropischen Ländern der Erde angebaut. Bei uns gedeihen Feigenbäume nur in sehr milden Regionen. Sie werden üblicherweise als Kübelpflanzen angeboten und im Haus überwintert.

Aussaat: Man kann Feigenbäumchen auch aus den winzigen Samen ziehen, allerdings nur aus frischen, nicht aus getrockneten Früchten. Die kleinen Samen werden vorsichtig mit Wasser gereinigt, zu je acht bis zehn Stück in Torftöpfchen gesetzt und dünn mit Substrat bedeckt. Zum Keimen stellt man sie warm (22 – 25 °C) und hält das Substrat stets feucht. Die Sämlinge brauchen einen warmen, hellen Standort. Pro Töpfchen belässt man nur die stärkste Pflanze.

Jungpflanze: Haben die Pflänzchen ihren Ballen gut durchwurzelt, werden sie in normale Blumenerde umge-

TIPP: Die im Handel als Kübelpflanzen angebotenen Sorten bringen ohne Bestäubung Früchte hervor, sodass man von diesen Pflanzen eine Ernte erwarten kann. Solche Früchte enthalten dann (leider) keine Samen.

topft. Sie brauchen viel Sonne und Wasser und sollten im Sommer alle zwei Wochen gedüngt werden.

Weitere Pflege: Größere Kübelpflanzen werden im Sommer nach draußen gestellt. Im Winter bevorzugen sie einen kühlen Platz (10 – 15 °C) und geringe Wassergaben. Ältere Pflanzen sind sogar bis - 10 °C frostfest. Im Herbst werfen sie ihre großen, tief gelappten Blätter ab.

Feigenbäume können zweimal im Jahr Früchte hervorbringen, im Spätfrühling und im Sommer. Die Pflanze kann im Winter problemlos zurückgeschnitten werden.

KUMQUAT
(*Fortunella* spec.)

Die Kumquat, auch Zwergorange genannt, ist mit den Zitrusfrüchten eng verwandt und gehört wie sie zu den Rautengewächsen (*Rutaceae*). Die Zweige der bis zu 2 m hoch werdenden Sträucher sind mit Dornen bewehrt. Die Pflanzen halten Fröste bis -8 °C aus. Man unterscheidet drei Arten: *Fortunella margarita* ist mit den 2 - 4 cm langen, ovalen oder rundlichen Früchten am häufigsten erhältlich. Weitere Arten sind *F. japonica* und *F. hindsii*.

Die Schale dieser Beerenfrüchte ähnelt der Schale einer Orange. Das Fruchtfleisch ist in drei bis sechs Segmente aufgeteilt und enthält meistens einige Samen. Das Besondere an der Kumquat ist, dass sie mit Schale verzehrt wird. Daher sind die Früchte immer unbehandelt und nicht so lange wie gespritzte Zitrusfrüchte haltbar.

Herkunft: Die Kumquat stammt ursprünglich aus China, wo sie schon seit Jahrhunderten angebaut wird. 1846 gelangte sie zunächst nur als Zierpflanze nach Europa. Heute wird sie in Japan, Amerika und im Mittelmeerraum angebaut.

▶ **Aussaat** und **Pflege** siehe Zitrusfrüchte, Seite 28 f.

Kumquats schmecken herb-süß.

LITSCHI
(Litchi chinensis)

Die Litschi oder Chinesi-sche Pflaume gehört zur Fa-milie der Seifenbaumge-wächse (*Sapindaceae*). Da die Bäume viel Wasser be-nötigen, sind sie bevorzugt an feuchten Standorten zu finden. Sie werden bis zu 10 m hoch.

Die Früchte zählen trotz des weichen Fruchtfleisches zu den Nüssen. Der Samen-mantel, der einen großen Samen umhüllt, ist nicht hart und trocken, sondern fleischig ausgebildet. Die raue, warzige, rotbraune Schale ist dünn und brüchig und lässt sich leicht mit den Fingern öffnen. Die 3 - 4 cm langen Früchte sind rund-lich bis oval.

Herkunft: Die Litschi wurde schon vor 4000 Jahren in ih-rer Heimat Südchina kulti-

Litschi-Jungpflanzen vertragen keine Zugluft.

viert. Als typische Pflanze der Subtropen wird sie heu-te in vielen Ländern vorwie-gend zwischen dem 15. und 30. Breitengrad angebaut.

Aussaat: Für eine erfolgrei-che Keimung sollten die Früchte möglichst frisch sein, da die Lebensfähigkeit der Samen in der geernteten Frucht nur wenige Wochen erhalten bleibt.

Die Samen werden zu-nächst gründlich gerei-nigt und dann einer Was-serbeizung (20 Minuten bei 50 °C) unterzogen. Dann setzt man sie sofort einzeln in vorbereitete Torf-töpfchen und bedeckt sie 1,5 - 2 cm dick mit Substrat. Zum Keimen stellt man die Anzuchtschale warm

Beim Öffnen der Litschis spritzt oft der Fruchtsaft heraus.

(22 - 25 °C). Das Substrat muss immer gut feucht sein. Nach etwa zwei Wochen keimen die Samen und bilden sofort sehr kräftige Wurzeln, sodass sie bald einen größeren Topf benötigen.

Jungpflanze: Die jungen Pflänzchen lieben sehr hohe Luftfeuchtigkeit, einen vor Zugluft geschützten, hellen, aber nicht sonnigen Standort und Temperaturen über 20 °C.

Die jungen Blätter sind zunächst kupferfarben und färben sich erst später glänzend grün. Sind die Pflanzen nach einigen Monaten kräftig geworden, gibt man ihnen einen sonnigen Standplatz.

Weitere Pflege: Litschipflanzen haben einen sehr hohen Wasserbedarf. Da sie relativ langsam wachsen, genügt jedoch einmal im Monat die Gabe von etwas Azaleendünger. Die Pflanzen sind nicht frostfest. Im Winter sollte die Temperatur nicht unter 15 °C fallen.

MANGO
(Mangifera indica)

Der „Apfel der Tropen", wie die Mango auch genannt wird, gehört zur Familie der Sumachgewächse (*Anacardiaceae*). Die schnell wachsenden Bäume werden 20 - 30 m hoch. Ihre leicht nierenförmigen Steinfrüchte

werden bis zu 15 cm lang. Die wachsartige, ungenießbare Schale ist je nach Sorte grün, gelb, rot oder mehrfarbig, wobei die Farbe kein Anzeichen für den Reifegrad ist. Unreife Früchte enthalten Terpentin, das mit zunehmender Reife abgebaut wird. Nur bei vollreifen Früchten ist von diesem Aroma nichts mehr zu spüren.

Herkunft: Die Mango ist eine der ältesten und heute noch wichtigsten Obstarten der Tropen. Sie wurde schon vor 4000 Jahren im früheren Burma und in Indien angebaut. Ab 500 v.Chr. breitete sie sich weiter in

Asien aus und gelangte im 16. und 17. Jahrhundert mit den Seefahrern auf andere Kontinente.

Aussaat: Das Ziehen einer Mangopflanze aus einem Samen erfordert viel Geduld und Ausdauer. Jede Frucht trägt in der Mitte einen großen, abgeflachten Samen, der von einer harten Schale umgeben ist. Das Fruchtfleisch wird zum Stein hin immer faseriger und lässt sich oft nur schwer von der Samenschale lösen. Der Stein wird daher am besten mit einer Bürste unter fließendem Wasser vom restlichen Fruchtfleisch befreit.

Am besten schmecken Mangos frisch vom Baum.

MANGO-CHUTNEY

Zutaten:

6 Mangos	1	Limette
250 g brauner Zucker	1/2 TL	Zimt
250 ml Weißweinessig	1/2 TL	gemahlene Nelken
1 große Zwiebel	1 TL	Kräutersalz
1 Knoblauchzehe	1	Messerspitze Cayenne-
1 frische Peperoni		Pfeffer

Zubereitung:

Zwiebel und Knoblauch schälen und fein hacken. Peperoni von Kernen befreien und in kleine Stücke schneiden. Limette schälen und das Fruchtfleisch in kleine Stücke schneiden. Das Fruchtfleisch der Mangos mit allen Zutaten vermischen und unter Rühren etwa 30 Minuten kochen, bis eine marmeladenähnliche Konsistenz entsteht. Heiß in saubere Gläser füllen und verschließen.

Er darf nicht austrocknen und wird sogleich senkrecht in einen Topf voll Anzuchterde mit dem dünnen Ende nach oben gesteckt, sodass etwa die Hälfte herausschaut. Dann umhüllt man das Ganze mit einer Plastiktüte und stellt den Topf warm (25 – 28 °C). Die Erde muss immer gut feucht sein. Es kann Monate dauern, bis der Samen keimt.

Um den Prozess zu beschleunigen, kann man versuchen, die Schale längs an der Naht zu öffnen und den Samen vorsichtig herauszulösen. Wird er verletzt, keimt er nicht und stirbt ab. Der Samen wird nun wie oben be-

Für das Ziehen junger Mangopflänzchen braucht man etwas Geduld.

schrieben eingepflanzt. Mit Glück erfolgt die Keimung schon nach zwei Wochen.
Jungpflanze: Zunächst bilden sich die Wurzeln. Wenn schließlich der Spross erscheint, stellt man das Gefäß hell, warm und vor Zugluft geschützt und nimmt die Plastiktüte ab. Die Pflanze darf nicht zu dicht am Fenster stehen, da sie direkte Kälte nicht verträgt.
Die Blätter sind zunächst tiefrot und verfärben sich dann allmählich grün. Beim Zerreiben duften sie leicht nach Terpentin.
Weitere Pflege: Mangopflanzen bleiben immer im Haus an einem hellen bis sonnigen Standort. Die optimale Umgebungstemperatur liegt bei 24 - 28 °C. Im Sommer düngt man alle ein bis zwei Wochen, im Winter nur alle ein bis zwei Monate. Älteren Pflanzen gönnt man entsprechend den Bedingungen am Naturstandort im Herbst eine kurze Trockenperiode.
Den Winter über sollte die Temperatur nicht unter 15 °C fallen, obwohl ältere Pflanzen kurzzeitig leichten Frost aushalten. Mit einer ersten Blüte ist frühestens nach vier Jahren zu rechnen.

Rambutanfrüchte besitzen wie Litschis helles Fruchtfleisch.

RAMBUTAN
(Nephelium lappaceum)

Die Rambutan zählt wie die Litschi zur Familie der Seifenbaumgewächse (*Sapindaceae*). Ihr Beiname „Haarige Litschi" lässt auf ihr Aussehen schließen. Die bis zu 5 cm großen Früchte besitzen eine brüchige, gefelderte Schale. Jedes Feld ist in einen langen, weichen, roten Stachel ausgezogen. Daher sehen die Früchte wie behaart aus. Beschaffenheit und Geschmack des Fruchtfleisches sind ähnlich wie bei der Litschi.
Die Früchte des 15 - 25 m hoch werdenden Baumes, der ein feuchtwarmes Klima bevorzugt, kommen bei uns allerdings wesentlich seltener in den Handel, da sie etwas schneller verderben. Sie werden in Plastiktüten verpackt angeboten, damit sie nicht austrocknen. Die Stacheln müssen weich und rot sein. Sind sie dunkel und brüchig, ist die Frucht zu alt und vertrocknet und der Samen nicht mehr keimfähig.
Herkunft: Die Rambutan stammt ursprünglich aus den tropischen Feuchtgebieten Malaysias und ist somit im Gegensatz zur Litschi eine echte Tropenpflanze.
▶ **Aussaat** und **Pflege** siehe Litschi, Seite 36.

Dickfleischige Vorkeimblätter sind die Vorboten der eigentlichen Kaktusblätter.

KAKTUSFEIGE
(Opuntia ficus-indica)

Kaktusfeigen sind die Früchte des Feigenkaktus oder der Opuntie, wie diese Pflanze auch genannt wird. Die bis zu 4,5 m hoch werdenden Kakteen (Familie *Cactaceae*) bilden häufig undurchdringliche Hecken und werden daher gerne als lebende Zäune eingesetzt. An den Rändern der großen, fleischigen, ohrenförmigen Blätter bilden sich die Blüten, aus denen 8 – 10 cm lange, ovale Beerenfrüchte hervorgehen. Die Schale kann gelb, orange, rot oder rotviolett gefärbt sein und ist mit kleinen, in Büscheln angeordneten Dornen besetzt. Das gelbe, rosafarbene oder rote Fruchtfleisch enthält zahlreiche Samen. Übrigens ist der in den roten Früchten enthaltene Farbstoff so intensiv, dass sich nach Verzehr größerer Mengen der Urin sogar rot färbt, was aber völlig unschädlich ist.

Herkunft: Die ursprüngliche Heimat des Feigenkaktus ist das tropische Südamerika. Schon vor Jahrtausenden wurden die Kakteen wegen ihrer Früchte in Mexiko angebaut. Heute gibt es diese Pflanzen außerdem im gesamten Mittelmeerraum, in Asien und Australien.

Aussaat: Kaktusfeigen werden nur gelegentlich bei uns im Handel angeboten. Man kann sich aber aus dem Urlaub einige Früchte mitbringen, um an die Samen zu gelangen. Die Samen werden vom Fruchtfleisch befreit und mit warmem Wasser gründlich abgewaschen. Dann setzt man sie einzeln, weil sie ein Pikieren nicht vertragen, in Torftöpfchen. Da die Keimlinge sehr anfällig für Infektionen sind, soll-

TIPP: Pitahaya heißt die Frucht einer anderen schmackhaften Kaktusart. Die Schale ist dick, gelb oder rot gefärbt und mit schuppenartigen Auswüchsen bedeckt. Die Samen sind weicher als bei der Opuntie, daher eignet sie sich besser zum Rohverzehr.

te man keine Anzuchterde oder anderes Substrat verwenden. Die Keimtemperatur sollte 25 °C betragen. Das Substrat muss gleichmäßig feucht sein. Nach drei bis sechs Wochen erscheinen die ersten dickfleischigen Vorkeimblätter, die noch keine Ähnlichkeit mit einem Kaktus haben. Die Anzuchtschale wird nun an einen sonnigen Platz gestellt, der zumindest tagsüber schön warm sein sollte. Zwischen den Keimblättern erscheint dann das erste winzige Kaktusblatt, an dem schon gleich von Anfang an die kleinen Dornen zu erkennen sind.

Jungpflanze: Für die Kultivierung der langsam wachsenden Kakteen braucht man sehr viel Ausdauer. Bis aus dem winzigen Sämling ein stattlicher Kaktus wird, vergehen Jahre. Im Sommer stellt man die Pflanze im Haus an einen sonnigen, warmen Platz. Sie wird nur mäßig gegossen. Alle zwei bis vier Wochen gibt man einen speziellen Kakteendünger.

Weitere Pflege: Umgetopft werden die Pflanzen nur selten nach Bedarf. Das Substrat sollte dann ein Gemisch aus Erde (70 %) und Sand (30 %) sein.

Größere Pflanzen können im Sommer an einem sonnigen, geschützten Ort draußen stehen. Überwintert werden die Kakteen bei 6 - 8 °C,

TIPP: Vor dem Verzehr legt man die Früchte einige Zeit in kaltes Wasser, da sich dann die kleinen Dornen mit einer Bürste am besten entfernen lassen, wobei das Tragen von Handschuhen zu empfehlen ist. Die Früchte können nun geschält werden oder man halbiert sie und löffelt den Inhalt aus.

da eine kalte Überwinterung die Blütenbildung fördert. Im Winter gießt man nur sehr wenig, große Pflanzen gar nicht. Das ganze Jahr über lässt man die Erde zwischendurch immer mal

wieder austrocknen. Opuntien sind bis -3 °C frostfest. Dank der fleischigen Blätter mit den Wasser speichernden Zellen vertragen sie aber große Hitze und Trockenheit.

An Urlaub erinnert der Feigenkaktus *Opuntia ficus-indica*.

PASSIONSFRUCHT
(*Passiflora* spec.)

Diese Pflanzengattung gehört zur Familie der Passionsblumengewächse (*Passifloraceae*). Die auffälligen Blüten dieser Pflanzen gelten als Symbole für die Kreuzigung Christi, daher rührt der Name. Die kugeligen Beerenfrüchte, die auch als Maracujas oder Grenadillas bezeichnet werden, haben eine pergament- oder wachsartige Schale, die je nach Sorte dunkelviolett, grünlich oder bräunlich gelb gefärbt sein kann. Am häufigsten angeboten werden die kleineren Früchte mit der dunklen Schale, die bei Vollreife beginnt, schrumpelig zu werden. Diese Früchte besitzen das intensivste Aroma. Hunderte von Samen sind in das

Ein Kletterkünstler mit traumhaften Blüten – die Passionsblume

schleimige, grünliche oder gelbliche Fruchtfleisch, das so genannte Saftbläschengewebe, eingebettet. Verwertet wird der säuerliche Saft mit dem typischen Aroma.
Herkunft: Passionsblumen stammen ursprünglich aus dem tropischen Amerika,

Die jungen Pflänzchen der Passionsblume wachsen schnell.

wo heute noch die meisten der etwa 400 Arten zu finden sind. In vielen anderen tropischen Ländern werden die mehrjährigen Kletterpflanzen ebenfalls kultiviert, wo sie oft meterhoch Mauern, Zäune oder andere Pflanzen überwuchern.

Aussaat: Die Samen werden mit warmem Wasser abgewaschen und durch Abreiben mit Küchenkrepp von dem geleeartigen Gewebe befreit. Man kann sie sofort aussäen oder getrocknet aufbewahren. Sie behalten ihre Keimfähigkeit etwa acht Monate lang, dürfen aber nicht in der Sonne trocknen. Je vier bis sechs Stück werden in Torftöpfchen oder Töpfe mit Anzuchterde gesät und 0,5 cm dick mit Substrat bedeckt. Die Anzuchtschalen stellt man warm (20–23 °C). Das Substrat muss immer gut feucht sein.

Nach zwei bis drei Wochen erscheinen die Sämlinge, von denen pro Töpfchen nur der kräftigste belassen wird. Man stellt sie nun an ein helles Fenster und gießt reichlich.

Jungpflanze: Da die Pflänzchen schnell wachsen, ist der Ballen bald so gut durchwurzelt, dass sie in Blumenerde umgetopft werden können. Möglichst früh

LECKERER BROT-AUFSTRICH

Zutaten:

6 Passionsfrüchte
2 EL Butter
150 g Zucker
2 Eier

Zubereitung:

Das Fruchtfleisch im Mixer aufschlagen, den Saft durch ein Sieb streichen. Butter und Zucker in der Pfanne langsam schmelzen. Eier schaumig rühren, mit dem Saft vermischen. Zu der Buttermasse geben. Unter Rühren so lange erhitzen, bis eine honigähnliche Masse entsteht. In Gläser abfüllen, dicht verschließen.

sollte man ihnen schon einen Holzstab oder ein kleines Spalier als Stütze geben, an dem sie sich hochranken können. Sie brauchen viel Licht und Wasser und müssen alle zwei Wochen gedüngt werden. Ein Fensterplatz das ganze Jahr über ist ideal.

Weitere Pflege: Passionsblumen wachsen sehr schnell und umranken alles, was ihnen in die Quere kommt. Man kann sie im Frühjahr aber bis auf etwa 30 cm zurückschneiden. Größere Pflanzen düngt man nur alle vier Wochen. Bilden sie Blüten, empfiehlt sich wieder eine vierzehntägige Düngung.

Hunderte von Samen befinden sich in den Passionsfrüchten.

AVOCADO
(Persea americana)

Die Avocado zählt zur Familie der Lorbeergewächse (*Lauraceae*). Die birnenförmigen Beerenfrüchte des 15 – 20 m hoch werdenden Baumes werden bis zu 25 cm lang und bis zu 1 kg schwer. Die bei uns erhältlichen Früchte sind allerdings wesentlich kleiner. Je nach Sorte haben sie eine glatte, raue oder warzige Schale, die grün, tiefpurpur oder sogar schwarz gefärbt sein kann. In das cremige, weißliche Fruchtfleisch ist ein großer Samen eingebettet.

Herkunft: Die Avocado stammt aus den Bergwäldern Mittelamerikas, wo sie schon vor über 8000 Jahren angebaut wurde. Ihr Name stammt von dem Aztekenwort „ahuacatl" ab. 1653 gelangte die Avocado mit englischen Seefahrern nach Europa. Wegen ihres hohen Eiweiß- und Fettgehaltes wurde sie „Butterfrucht" genannt und auf langen Seereisen als Fleischersatz geschätzt.

Aussaat: Der Samen wird aus dem Fruchtfleisch herausgelöst und abgerieben. Dann legt man ihn für 48 Stunden in warmes Wasser ①, wobei man das Gefäß am besten auf eine Heizung stellt. Anschließend zieht man vorsichtig die dünne, braune Schale ab. Oft weist der Samen dann schon einen Spalt auf – ein untrügliches Zeichen dafür, dass er bald zu keimen beginnt. Nun kann man auf zweierlei Art weiterverfahren: Die eine Methode ist das Keimen im Wasser ②. Hierzu sticht man drei Zahnstocher vorsichtig etwas oberhalb der Mitte (das spitzere Ende ist oben) von drei Seiten in den Samen gerade so weit ein, dass sie halten. Dann legt man den Samen

Avocadofrüchte schmecken sahnig-mild, leicht nussartig, dabei aber sehr neutral.

mit diesen Stützen auf den Rand eines passenden Glases. Man füllt es randvoll mit Wasser, sodass sich die untere Hälfte des Samens im Wasser befindet. Nun stellt man das Gefäß dunkel und warm (mindestens 21 °C). Das untere Ende des Samens muss immer im Wasser stehen.
Es dauert zwischen zehn Tagen und etwa sechs Wochen, bis die ersten Wurzeln erscheinen. Erst, wenn auch der Spross sichtbar wird, wird das Gefäß auf die Fensterbank, aber nicht in die pralle Sonne, gestellt. Durch Umwickeln mit Folie wird das Gefäß rund um die Wurzeln abgedunkelt. Frühestens wenn die Wurzeln das ganze Glas ausfüllen, muss in Blumenerde umgesetzt werden, weil das Pflänzchen noch so lange von den Nährstoffen aus dem großen Samen zehrt. Man kann den Samen auch sofort in einen Topf mit Blumenerde setzen ③, wobei die obere Hälfte herausschauen muss. Dann wird der Topf an einen warmen Ort gestellt. Die Erde darf nicht austrocknen. Bei dieser Methode kann man nicht die Wurzelbildung verfolgen und weiß erst, ob eine Keimung stattgefunden hat, wenn der Spross erscheint.

Avocados kann man auf zweierlei Arten vermehren.

Jungpflanze: Die Pflanzen wachsen recht schnell, wobei häufig ein sehr langer Mitteltrieb mit wenigen Blättern an der Spitze gebildet wird. Um dem vorzubeugen, kann man schon bei der Jungpflanze den Mitteltrieb einkürzen. Es werden neue Seitentriebe mit mehr Blättern gebildet, die Pflanze wird dichter und buschiger. Ist der Wurzelballen gut durchwurzelt, wird umgetopft. Jungpflanzen sollten nicht in der prallen Sonne stehen.
Weitere Pflege: Größere Pflanzen werden jedes Frühjahr einmal umgetopft. Dann stellt man sie erst für

einige Wochen kühl und schattig und gießt immer reichlich. Im Sommer düngt man alle zwei Wochen. Ältere Pflanzen können im Sommer nach draußen gestellt werden. Am besten gedeihen sie aber bei gleichmäßig warmen Bedingungen im Haus oder im Wintergarten. Im Winter darf die Temperatur nicht unter 10 - 15 °C fallen.
Bei Pflanzen, die aus Samen gezogen wurden, darf man nicht mit einem Fruchtansatz rechnen. Zu hohe oder zu spärlich beblätterte Pflanzen können radikal zurückgeschnitten werden. Sie treiben immer wieder aus.

DATTEL
(Phoenix dactylifera)

Die Dattelpalme ist wie alle Palmen (Familie *Arecaceae*) eine einkeimblättrige Pflanze. Die Blüten der zweihäusigen Bäume erscheinen in Rispen unterhalb der großen Blattwedel. Aus den weiblichen Blüten entwickeln sich bis zu 5 cm lange Beerenfrüchte mit brauner Schale. Das helle, feste Fruchtfleisch hat einen Zuckergehalt von 60 - 70 %. Dort, wo es den längsgefurchten Samen umgibt, besitzt es häufig einen silbrig schillernden Glanz.

Herkunft: Die Dattelpalme ist eine typische Pflanze der Randtropen. Sie gedeiht am besten an Standorten mit einer Durchschnittstemperatur von 30 °C und wächst nur dort, wo sie mit ihren Wurzeln das Grundwasser erreichen kann. Sie wurde schon vor mindestens 5000 Jahren in Persien angebaut. Ihre Heimat wird in Nordafrika oder Vorderasien vermutet. Sie ist eine der ältesten Kulturpflanzen der Erde.

Aussaat: Zur Aussaat sind nur die Samen von frischen Datteln geeignet. Bei den Samen, die aus getrockneten Früchten stammen ist die Wahrscheinlichkeit, dass sie keimen, noch geringer. Die Samen werden aus den

Dattelpalmen werden in ihrer Heimat 20–30 m hoch.

Früchten gelöst, mit warmem Wasser gründlich gereinigt und anschließend 48 Stunden gewässert, wobei das Gefäß auf eine Heizung gestellt wird. Anschließend legt man die Samen in feuchten Torf oder feuchte Watte eingebettet in eine Plastiktüte und bewahrt diese verschlossen an einem sehr warmen Platz (25 - 30 °C) auf. Die hohe Temperatur verkürzt die sehr lange Keimdauer der Samen. Das Substrat darf dabei nicht austrocknen.

Es kann mehrere Monate dauern, bis eine Keimung erfolgt. Sind an den Samen kleine Wurzeln zu erkennen, setzt man sie in Töpfe mit Blumenerde und bedeckt sie 2 - 3 cm dick mit Substrat. Die Töpfe müssen recht hoch sein, da die Keimwurzel den Samen nach unten zieht, was die Pflanze in ihrer natürlichen Umgebung vor Hitze schützt. Nun kann es noch einmal Wochen dauern, bis schließlich der Spross erscheint. Den Topf stellt man an einen warmen, hellen Platz und hält die Erde immer gut feucht.

Jungpflanze: Dattelpalmen wachsen sehr langsam. Wichtig ist ein warmer, heller Standort. Zugluft vertragen die Palmen nicht.

Weitere Pflege: Im Sommer wird mäßig gegossen, der Ballen sollte immer eine leichte Feuchtigkeit aufweisen. Größere Pflanzen werden alle zwei bis vier Wochen gedüngt. Im Winter und bei Temperaturen unter 16 °C gießt man nur sehr wenig. Einmal jährlich sollte man umtopfen.

Die Blätter bilden am oberen Ende des Stammes eine Wedelkrone. Regelmäßig

Die einzelnen Dattelfrüchte sind etwa daumendick.

EXOTISCHES DATTELKONFEKT

Datteln lassen sich zu exotischem Konfekt verarbeiten. Hierfür werden die Früchte längs aufgeschnitten, dann wird der Kern herausgelöst. Der entstandene Hohlraum lässt sich nach Belieben füllen, zum Beispiel mit Marzipan, Nougatstückchen, Pistazien, Mandeln oder kandierten Früchten. Anschließend kann das Konfekt noch mit Kuvertüre überzogen werden.
Wer es lieber weniger süß mag, kann Datteln auch mit Frischkäse, gewürfeltem Schnittkäse oder Schinkenstückchen füllen.

sterben die unteren Blätter ab, wobei die gleiche Anzahl neuer Blätter gebildet wird. Die Dattelpalme kann im Sommer nach draußen in die volle Sonne gestellt werden. Im Gegensatz zu den meisten anderen Pflanzen macht ihr trockene Luft nichts aus, im Gegenteil, sie kommt ihr sogar zugute, sofern sie mit den Wurzeln genügend Feuchtigkeit aufnehmen kann.

PINIE
(Pinus pinea)

Die bis zu 30 m hoch werdende Pinie gehört zur Familie der Kieferngewächse (*Pinaceae*) und ist somit einer der wenigen Nadelbäume, den man aus essbaren Samen ziehen kann. Die Früchte der Pinie sind als Pinienkerne im Handel und werden schon verzehrfertig angeboten. Zur Aussaat sollte man jedoch einen ganzen Pinienzapfen kaufen, aus dem man die noch von der harten Schale umgebenen so genannten „Piniennüsse" herauslösen kann. Die Zapfen werden 10 - 15 cm lang und 8 - 10 cm breit und gelangen nur selten bei uns in den Handel.

Herkunft: Die meisten *Pinus*-Arten stammen aus Nordamerika und Asien. Die Pinie kommt vorwiegend im Mittelmeerraum vor. Sie gedeiht nur in frostfreien Gegenden mit mil-

Schirmpinie in Griechenland am Naturstandort

dem Seeklima. Die ausladenden, schirmartigen Kronen prägen in ihrem Lebensraum das Landschaftsbild.

Aussaat: Die Samen müssen vorsichtig von der harten Schale befreit werden. Dann setzt man sie einzeln in Torftöpfchen und bedeckt sie etwa 1 cm dick mit Substrat. Die Keimtemperatur sollte bei 20 - 25 °C liegen. Das Substrat darf nicht austrocknen. Schon nach ein bis zwei Wochen keimen die Samen. Man stellt die Sämlinge nun hell,

aber nicht in die direkte Sonne und hält die Erde gut feucht.

Jungpflanze: Die kleinen Pflänzchen sind recht empfindlich und sollten daher vor Zugluft, unnötiger Bewegung und Temperaturschwankungen geschützt werden. Sie wachsen sehr langsam. Erst wenn der kleine Torfballen durchwurzelt ist, pflanzt man sie in Blumenerde um. Einmal monatlich wird mäßig gedüngt.

Weitere Pflege: Die Pinie braucht im Sommer einen hellen, warmen (20 - 25 °C) Standort. Im Winter darf die Temperatur auf 10 - 15 °C absinken. Der immergrüne

Pinienpflänzchen von oben betrachtet

Baum braucht den Winter über ausreichend Helligkeit. Ältere Pflanzen kann man in den Garten setzen, sie dürfen aber keinem Frost ausgesetzt sein. Ideal ist ein Standort in einem Wintergarten oder Gewächshaus.

GUAVE
(Psidium guajava)

Die Guave gehört zur Familie der Myrtengewächse (*Myrtaceae*). Der bis zu 10 m hoch werdende Baum bringt runde bis eiförmige Beerenfrüchte hervor, die 5 - 15 cm groß sein können. Die wachsartige Schale ist im reifen Zustand gelb. Die Früchte werden oft grün gepflückt, damit sie auf dem Weg zu ihrem Bestimmungsort nachreifen. In das gelbli-

Guavenpflänzchen wachsen rasch.

che oder rosafarbene, etwas schleimige Fruchtfleisch sind die zahlreichen kantigen, nierenförmigen Samen kreisförmig angeordnet. Die Früchte werden vorwiegend für die Geleeherstellung oder in der Getränkeindustrie verwendet.

Herkunft: Die Heimat der Guave ist das tropische und subtropische Amerika. Heute wird sie auch viel in Indien und Südafrika angebaut.

Aussaat: Die Samen werden mit warmem Wasser vom Fruchtfleisch gesäubert und dann einer Wasserbeizung (20 Minuten bei 50 °C) unterzogen. Danach setzt man sofort je sechs bis acht Stück in Torftöpfchen und bedeckt sie 1 cm dick mit Substrat. Die Töpfe werden warm (20 - 25 °C) gestellt und gleichmäßig feucht gehalten. Nach zwei bis drei Wochen keimen die Samen. Die Sämlinge werden hell gestellt, wobei die Temperatur nicht unter 18 °C fallen darf.

Jungpflanze: Ist der Torfballen gut durchwurzelt, setzt man sie in Blumenerde um. Später wird immer nach Bedarf umgetopft, da die Pflanze schnell wächst. Sie liebt sonnige Standorte. Während des Wachstums und im Sommer muss man

Noch sind die Guavenfrüchte an diesem Baum unreif.

reichlich gießen und ein- bis zweimal monatlich düngen. Im Winter darf die Temperatur nicht unter 15 °C fallen. Jetzt wird auch nicht mehr gedüngt und weniger gegossen.

Weitere Pflege: Im Frühjahr vor der Blüte kann es sein, dass die Pflanze alle Blätter abwirft, um bald darauf neu auszuschlagen. Die 2 - 3 cm großen, weißen Blüten duften angenehm.

Ältere Pflanzen eignen sich als Kübelpflanzen, die im Sommer hinausgestellt werden können, gedeihen aber im Haus ebenso gut. Sie sind bis –3 °C frostfest.

GRANATAPFEL
(Punica granatum)

Der bis zu 5 m hoch wer-
dende Granatapfelbaum ge-
hört zur Familie der Myrtengewächse (*Myrtaceae*). Aus
den leuchtend roten, 3 cm
großen Blüten entwickeln
sich kugelige Beerenfrüchte,
die einen Durchmesser von
9 cm erreichen können. Sie
besitzen eine bräunlich gelbe, lederartige Schale. Im
Innern befinden sich Hun-
derte von etwa 5 mm langen

GRANATAPFELSAFT

Um an den säuerlich-süßen Saft zu gelangen, rollt
man den Granatapfel zunächst auf einer festen Unter-
lage mit Druck hin und her, wobei im Innern knacken-
de Geräusche zu hören sein müssen, die durch das
Zerplatzen der Fruchtzellen zustande kommen. Nun
kann man die Frucht anschneiden und den freigesetz-
ten Saft herausdrücken.
Der ausgepresste Saft kann mit jedem anderen Fruchtsaft gemischt werden. Zudem kann man ihn zum Mi-
xen von Cocktails verwenden oder Süßspeisen damit
beträufeln.

Samen, die jeweils von säu-
erlichem, sehr saftreichem,
roten Fruchtfleisch umge-
ben sind. Meistens wird der
Saft für die Herstellung von
Getränken und Cocktails
verwendet.
Herkunft: Der Granatapfel
stammt ursprünglich aus
Persien, wo er schon vor
über 2000 Jahren angebaut
wurde. Heute werden Gra-
natapfelbäume in vielen tropischen und subtropischen
Ländern kultiviert. Wegen
der Vielsamigkeit galten
Granatäpfel als Fruchtbar-
keitssymbol. Desgleichen
spielt diese Frucht in vielen
Mythen und Legenden eine
bedeutende Rolle, wie zahlreiche antike Abbildungen
belegen.
Aussaat: Die Samen müssen
zunächst gründlich von

**Staunässe unerwünscht:
Granatapfelpflänzchen**

dem umgebenden Frucht-
fleisch befreit werden, damit
keine Fäulnis auftritt. Man
wäscht sie in warmem Was-
ser und reibt sie mit Küchenkrepp ab. Die größte Keimfähigkeit besitzen sie, wenn
man sie sofort aussät. Jeweils fünf bis sechs Samen
werden in Torftöpfchen gesetzt und 1 cm dick mit
Substrat bedeckt. Zur Keimung benötigen sie eine
Temperatur von 21 °C und
ein gleichbleibend feuchtes
Substrat.
Nach zwei bis drei Monaten,
eventuell auch schon früher,
erfolgt die Keimung. Die
Sämlinge werden an einen
warmen, hellen Platz ge-
stellt. Sind mehrere Samen
pro Topf gekeimt, wird nur
der stärkste Sämling belassen.
Jungpflanze: Nach etwa vier
Wochen werden die kleinen
Pflänzchen mit ihrem Torf-

töpfchen in einen größeren Topf mit Blumenerde gesetzt. Sie stellen keine besonderen Ansprüche an das Substrat. Es sollte allerdings nie ganz austrocknen, wobei keine Staunässe auftreten darf. Die Jungpflanzen wachsen zwar recht langsam, der kleine Stamm verholzt jedoch recht früh.

Weitere Pflege: Größere Pflanzen brauchen einen sonnigen Standort. Sie können im Sommer nach draußen gestellt werden. In dieser Zeit werden sie auch alle zwei Wochen gedüngt. Im Winter wird die Düngung eingestellt. Die Erde darf aber nie vollständig austrocknen. Die ideale Überwinterungstemperatur liegt bei 5 - 10 °C. Große Pflanzen sind bis -9 °C frostfest. Granatapfelbäume sind ideal für Wintergärten und Gewächshäuser geeignet. Die kräftig grünen, glänzenden Blätter werden im Winter gelb und fallen ab. Im Frühjahr treibt die Pflanze neu aus. Nur wenn sie das ganze Jahr über gleichbleibend warmen Temperaturen ausgesetzt ist, findet kein Laubfall statt. Pflanzen, die ihr Laub abgeworfen haben, können dunkel überwintert werden.

Bei diesem aufgeplatzten Granatapfel erkennt man die vom Fruchtfleisch umhüllten Samen.

Ingwer eignet sich auch als Kübelpflanze.

INGWER
(Zingiber officinale)

Nach dem Ingwer ist eine ganze Pflanzenfamilie, die Ingwergewächse (*Zingiberaceae*), benannt. Als Ingwer wird im allgemeinen Sprachgebrauch die im Handel erhältliche Wurzel (Rhizom) der Ingwerpflanze bezeichnet. Die frische Wurzel wird geschält und gerieben oder in Scheiben geschnitten zum Würzen von süßen oder pikanten Gerichten verwendet. Das scharf-würzige Aroma ist sehr intensiv und mit keinem anderen Gewürz vergleichbar. Auch das berühmte Ginger Ale wird mit Ingwer hergestellt. **Herkunft**: Der Ingwer stammt ursprünglich aus In-

dien. Dort wird er heute noch in großen Mengen angebaut ebenso wie in China, Japan und Afrika.

Vermehrung: Aus den frischen Ingwerwurzeln lassen sich vegetativ neue Pflanzen heranziehen. Häufig er-

kennt man schon an den fleischigen Rhizomen die neuen Triebknospen. Damit sie austreiben, müssen sie prall sein und dürfen keine Faulstellen aufweisen. Man füllt einen Blumentopf zu zwei Dritteln mit Anzuchterde, legt das Rhizom flach darauf und bedeckt es 1 – 2 cm dick mit Substrat. Dann stülpt man eine Plastiktüte darüber und sorgt dafür, dass die Erde stets feucht bleibt.

Der Topf wird nun gleichmäßig warm (20 – 25 °C) gestellt. Bis sich die ersten Wurzeln bilden, kann es mehrere Wochen dauern. Sobald der Spross erscheint, wird die Plastiktüte entfernt und das Pflänzchen kann an einen hellen, warmen Ort gestellt werden.

Weitere Pflege: Im Sommer verträgt die Pflanze Temperaturen bis 30 °C. Sie kann an einen geschützten Ort nach draußen gestellt werden.

Die schilfähnlichen Blätter verfärben sich im Herbst gelb und werden vollständig eingezogen. Der Topf kann nun in einem dunklen Raum, in dem die Temperatur nicht unter 10 °C fällt, überwintert werden. In dieser Zeit wird nicht gewässert. Im Februar wird er wieder warm und hell gestellt und gegossen. Dann treibt die Pflanze neu aus.

MIT INGWER KOCHEN

Frischer Ingwer hat ein intensives, scharfes Aroma. Er wird zunächst geschält und dann fein geraspelt zum Kochen verwendet. Grobfaseriger Ingwer wird am besten in Scheiben geschnitten mitgegart und anschließend aus dem Gericht wieder entfernt, damit nur das Aroma zum Tragen kommt, die Fasern aber nicht ins Essen geraten. Fleisch wird übrigens viel zarter, wenn man es vor dem Garen mit frischen Ingwerscheiben belegt.

Hier keimt schon was ...

Pflegepraxis

So bleiben Ihre Kübelpflanzen rundherum schön

Egal ob die exotischen Pflanzen selbst gezogen wurden oder ob man schon größere Kübelpflanzen kauft, sie alle haben bestimmte Ansprüche, die erfüllt werden müssen, damit sie gut gedeihen, uns lange Jahre erhalten bleiben und vielleicht sogar regelmäßig Blüten und Früchte bilden.

DER RICHTIGE STANDORT

Fast alle der beschriebenen Pflanzenarten stammen aus den Subtropen und Tropen und benötigen daher viel Wärme und Licht. Manche vertragen sogar die pralle Sonne. Im Sommer ist daher für Kübelpflanzen ein heller Standort auf Balkon oder Terrasse oder vor der Hauswand geeignet, der nur zeitweise beschattet ist. Ideal ist es, wenn man bei sehr heißem, sonnigen Wetter die Pflanze vorübergehend beschatten kann, indem man sie z. B. einfach unter eine Überdachung schiebt, und sie mit wenigen Handgriffen später wieder in die alte Position bringen kann. Plätze ohne direktes Sonnenlicht sind nicht geeignet. Besonders wichtig ist ein Windschutz. Zugluft oder sogar kräftiger Wind wird von den meisten Pflanzen nicht vertragen. Ebenso sollten sie vor Regen geschützt sein, da vor allem die Blüten durch den Regen verkleben, braun werden und abfallen können.

Werden Kübelpflanzen das erste Mal oder nach dem

Überwintern hinausgestellt, müssen sie zunächst langsam an die veränderten Umweltbedingungen gewöhnt werden. Die ersten Tage oder Wochen sollten sie deshalb nicht der prallen Sonne ausgesetzt werden.

PFLANZGEFÄSSE

Bei den Pflanzgefäßen steht Ihnen eine große Auswahl zur Verfügung. Je nach Material und Beschaffenheit haben die unterschiedlichen Gefäße Vor- und Nachteile.

Tongefäße, ...

... insbesondere solche aus Terrakotta, sind die klassischen Pflanzgefäße, die äußerst dekorativ sind und die es in einer Vielzahl von Ausführungen und Formen gibt. Wenn die Kübel bei Frost im Freien bleiben sollen, muss man auf hochwertige Ware achten, die langsam getrocknet wurde. Bei einem auf diese Weise hergestellten Gefäß dringt in den Ton kein Wasser ein. Bei nicht so hochwertigen Tongefäßen kann eingedrungenes Wasser gefrieren und zum Zerspringen führen. Besteht keine Frostgefahr sind auch preiswertere Ausführungen geeignet.

Stillleben auf der Terrasse:
Citrus limon **und weitere**
Zitruspflanzen

Gärtnereien bieten eine großе Auswahl an Terrakottagefäßen an.

Von Vorteil bei Tongefäßen sind die gute Standfestigkeit und die Luftdurchlässigkeit. Nachteilig sind das Gewicht und die Bruchgefahr beim Transportieren.

Steinzeuggefäße ...

... werden vorwiegend glasiert angeboten. Sie sollten keinem Frost ausgesetzt werden. Bei guter Standfestigkeit haben sie auch den Nachteil des großen Gewichtes.

TIPP: Tongefäße sollten vor dem Bepflanzen ein oder zwei Tage gewässert werden. So können sie sich mit Wasser vollsaugen und entziehen dem Substrat nicht so viel Feuchtigkeit.

ist die begrenzte Lebensdauer des Holzes, das mit pflanzenunschädlichen Mitteln imprägniert wird oder regelmäßig gestrichen werden muss. Pflanzen mit sehr starkem Pflanzenwuchs zerstören die Kübel noch schneller.

Kunststoffgefäße ...

... sind besonders leicht, was beim regelmäßigen Umräumen der Pflanzen ein klarer Vorteil ist. Außerdem lassen sie sich leicht reinigen und sind unverwüstlich. Allerdings muss auf dem Boden des Gefäßes eine zusätzliche Kiesschicht eingefüllt werden, um die Standfestigkeit zu erhöhen.

PFLANZSUBSTRAT

Für Kübelpflanzen nimmt man am besten so genannte „Einheitserde". Sie wird mit unterschiedlich hohen Nährstoffanteilen angeboten. Um die Durchlüftung der Erde zu verbessern, empfiehlt sich außerdem die Beimischung von 20 – 30 % Blähton oder ähnlichem Material. Um ein besseres Abfließen überschüssigen Wassers zu gewährleisten, legt man auf den Gefäßboden einige Tonscherben oder Kieselsteine. Insbesondere bei leichten Pflanzgefäßen erhöht dies zusätzlich die Standfestigkeit.

Kübelpflanzen in Terrakottatöpfen sind ein Hingucker.

Holzkübel ...

... gelten auch als klassische Gefäße. Sie werden mittels verzinkter Metallreifen zusammengehalten. Da die Bodenplatte nicht direkt auf dem Untergrund aufliegt, ist für gute Belüftung und für Wasserabzug auf der Unterseite gesorgt. Von Nachteil

GIESSEN UND DÜNGEN

Da einer Kübelpflanze nur eine bestimmte Substratmenge zur Verfügung steht, ist auch der Wasser- und Nährstoffvorrat begrenzt. Daher muss man vor allem im Sommer darauf achten, dass die Pflanze kontinuierlich mit Wasser und Nährstoffen versorgt ist. An heißen Tagen kann es erforderlich sein, die Kübel morgens und abends zu wässern. Staunässe ist auf alle Fälle zu jeder Jahreszeit zu vermeiden, da die Wurzeln sonst schnell zu faulen beginnen.

Je nach Nährstoffbedarf wird in der Vegetationsperiode ein- bis viermal monatlich mit einem Flüssigdünger, der ins Gießwasser gegeben wird, gedüngt. Im Winter, besonders wenn die Pflanzen ihr Laub abwerfen, wird das Gießen auf ein Minimum reduziert und es wird nicht gedüngt.

Die Pflanzen sollten möglichst mit weichem Wasser bzw. Regenwasser gegossen werden, da durch den Kalk Nährstoffe gebunden werden können. Bei sonnigem Wetter dürfen die Blätter auf keinen Fall benetzt werden, um ein Verbrennen zu vermeiden. Die Erde darf nie völlig austrocknen. Sobald die Erde am Gefäßrand zu „schrumpfen" beginnt, ist es höchste Zeit zu wässern.

UMTOPFEN

Bei größeren Kübelpflanzen, die nicht mehr stark wachsen, muss nur nach Bedarf umgetopft werden, wenn der Topf zu klein geworden oder der Ballen völlig durch-

Blähton eignet sich optimal als Drainageschicht.

wurzelt ist. Häufig reicht hier ein Umtopfen alle zwei bis drei Jahre aus, denn die meisten Pflanzen lieben es nicht, so oft umgesetzt zu werden, und reagieren darauf sogar mit einem Ausbleiben der Blüte. Nur die Pflanzen mit einem besonders hohen Nährstoffbedarf sollten jährlich umgetopft werden.

Wenn Pflanzen sehr stark zurückgeschnitten wurden, empfiehlt sich ebenfalls ein Umsetzen in neue Erde, damit sie möglichst schnell wieder kräftig austreiben. Löst sich der Wurzelballen nur schwer aus dem Topf, kann man mit einem Messer innen an der Gefäßwand entlangfahren und den Ballen so lösen. Vor dem Wiedereinsetzen werden die Wurzeln vorsichtig mit einem länglichen Gegenstand gelockert. Alte und abgestorbene Wurzeln werden abgeschnitten, ebenso wie stark verzweigtes Wurzelwerk am Gefäßrand. Bei jungen Pflanzen, die jährlich umgetopft werden, sollten die Wurzeln allerdings nicht eingekürzt werden.

TIPP: Beim Umtopfen sollte man zügig arbeiten, damit die Wurzeln nicht austrocknen und die Pflanze dadurch keinen Schaden nimmt.

Feigenbäume eignen sich zum Gestalten des Wintergartens.

PFLANZENSCHUTZ

Auch exotische Pflanzen können von Schädlingen oder Krankheiten befallen werden. Das Beherzen einiger Grundregeln bei der Pflege ist hierbei die beste Vorbeugung. Die Regeln finden Sie im nebenstehenden Kasten.

Kommt es doch zu Schädlings- oder Krankheitsbefall, muss meist auf die im Fach-handel angebotenen Mittel zurückgegriffen werden. Ein Befall durch **Blattläuse** oder **Schildläuse** lässt sich noch durch mechanisches Entfernen und Abwaschen oder durch Abschneiden der befallenen Triebe bekämpfen. **Spinnmilben** oder **Weiße Fliegen** können chemisch, bei Kultur unter Glas, sowie durch den Einsatz der natürlichen Feinde (Raubmilben gegen Spinnmilben,

SO BLEIBEN IHRE PFLANZEN GESUND

▶ Die Pflege sollte auf die individuellen Bedürfnisse (Licht-, Wasser- und Nährstoffbedarf) abgestimmt sein.

▶ Staunässe ist unbedingt zu vermeiden.

▶ Befallene Pflanzen müssen isoliert werden, da Ansteckung möglich ist.

▶ Unnötige Verletzungen am Pflanzengewebe, insbesondere beim Umtopfen, sind zu vermeiden.

▶ Werkzeuge, die in Kontakt mit Pflanzensaft treten, sind nach Gebrauch gründlich zu reinigen.

▶ Winterquartiere sollten regelmäßig gelüftet werden.

▶ Durch regelmäßige Kontrolle kann ein Befall frühzeitig erkannt und bekämpft werden.

Schlupfwespen gegen Weiße Fliege) bekämpft werden. **Pilzerkrankungen** werden durch zu viel Feuchtigkeit und mangelnden Luftaustausch begünstigt. Sie können mit entsprechenden Mitteln behandelt werden, wobei gleichzeitig die Standortbedingungen verbessert werden müssen.

Gegen **bakterielle Infektionen** und **Virusinfektionen** gibt es allerdings keine Heilmittel, sodass man ihnen nur durch die richtige Pflege und den Kauf einwandfreier Pflanzen vorbeugen kann.

ÜBERWINTERUNG

Wie eine Kübelpflanze am besten überwintert wird, hängt in erster Linie davon ab, ob sie im Winter das Laub abwirft oder nicht. Laubabwerfende Pflanzen können dunkel und kühl

unter 10 °C, aber frostfrei überwintert werden wie z.B. in Kellerräumen oder Garagen. Sie werden in dieser Zeit nicht oder nur sehr wenig gegossen.

Pflanzen mit Laub müssen hell überwintert werden. Reine Tropenarten sollten auch im Winter warm

Kumquats sollte man an einem hellen Standort überwintern.

(15-20 °C) stehen und werden mäßig gegossen. Die meisten Arten vertragen aber eine Absenkung der Temperatur auf 10-15 °C und können hierfür z.B. in helle, ungenutzte Zimmer, auf Dachböden mit Fenstern, in Treppenhäuser oder Wintergärten gestellt werden. Je kühler die Pflanze steht, desto stärker wird das Gießen eingeschränkt.

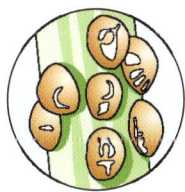

Schildläuse

Weiße Fliegen

Spinnmilben

Blattläuse

KOSMOS-BÜCHER-TIPPS

Flehmig, A.:
Pflanzen vermehren. 2002.

Haberer, M.:
Vermehrung von Pflanzen.
2. Aufl. 2001.

Kötter, E.:
Der Zimmerpflanzendoktor.
1999.

Kötter, E.:
Gärten für Einsteiger. 2002.

Leufen-Bohlsen, B.:
Gärten pflegeleicht und
schön. 2002.

Peters, S.:
Kübelpflanzen in Terrakotta.
1998.

Wolff, J. (Hrsg.):
Kursbuch Zimmerpflanzen.
1996.

BEZUGSQUELLEN

Exotische Früchte erhalten Sie
im Feinkosthandel, auf dem
Wochenmarkt und in Groß-
markthallen etc., Minige-
wächshäuser und weiteres Zu-
behör im örtlichen Fachhandel
(Gärtnereien, Gartencenter,
Baumschulen etc.). Sie finden
die Adressen in Ihrem Bran-
chenfernsprechbuch.
In einschlägigen Gartenzeit-
schriften können Sie sich über
das Angebot von speziellen
Anbietern informieren.

REGISTER

Informationen senden wir Ihnen gerne zu

Bücher · Kalender · Spiele · Experimentierkästen · CDs · Videos
Natur · Garten & Zimmerpflanzen · Heimtiere · Pferde & Reiten · Astronomie ·
Angeln & Jagd · Eisenbahn & Nutzfahrzeuge · Kinder & Jugend

KOSMOS Postfach 10 60 11
D-70049 Stuttgart
TELEFON +49 (0)711-2191-0
FAX +49 (0)711-2191-422
WEB www.kosmos.de
E-MAIL info@kosmos.de

IMPRESSUM

Umschlaggestaltung von eStudio Calamar, Spanien
Umschlagvorderseite: Foto von Friedrich Strauß.
Umschlagrückseite: mit drei Fotos von Reinhard-Tierfoto (oben)
und Friedrich Strauß (Mitte und unten).
Klappe außen: mit vier Fotos von Gabriele Lehari (Porträt),
Reinhard-Tierfoto (ore) und Friedrich Strauß (Mitte re und ure).
Klappe innen: mit einem Foto von Friedrich Strauß und 6 Farb-
zeichnungen von Reinhild Hofmann.

Die Deutsche Bibliothek – CIP-Einheitsaufnahme
Ein Titelsatz für dieses Produkt ist bei der
Deutschen Bibliothek erhältlich

Mit 85 Farbfotos und 15 Farbzeichnungen.
Gedruckt auf chlorfrei gebleichtem Papier.

© 2002, Franckh-Kosmos Verlags-GmbH & Co., Stuttgart
Alle Rechte vorbehalten
ISBN 3-440-09453-7
Redaktion und Bildredaktion: Christiane Theis
Grundlayout: Atelier Reichert, Stuttgart
Gestaltung: Atelier Krohmer, Dettingen/Erms
Produktion: Markus Schärtlein/Kirsten Raue
Satz: Atelier Krohmer, Dettingen/Erms
Reproduktion: Master Image, Singapur
Druck und Bindung: Westermann Druck Zwickau GmbH, Zwickau
Printed in Germany / Imprimé en Allemagne

BILDNACHWEIS

Mit **76 Farbfotos** von:
Christl Eberle, Meersburg-Rie-
detsweiler (S. 1 Mitte); Gabriele Lehari, Reutlingen (S. 7 u,
14 uli, 18, 20, 24 beide, 30 ore,
31, 32 oli, 36 uli, 40, 42 uli,
48 uli, 49 uli, 50); Reinhard-
Tierfoto, Heiligkreuzsteinach
(S. 1 li, 1 re, 4, 13, 22, 23 uli,
26, 27, 29 o, 30 uli, 33, 37, 42 o,
44, 47, 49 ore, 53, 55, 59); Nils
Reinhard, Heiligkreuzsteinach
(S. 11, 25, 46, 48 ore); Ralf
Roppelt, Sahara-Werbeagen-
tur, Stuttgart (S. 9 beide, 12 o,
57 beide); Manfred Ruckszio,
Taunusstein (S. 6, 28/29 u,
32 ure, 34, 39, 43); Ingrid und
Peter Schönfelder, Pentling
(S. 7 o, 21, 41); Friedrich Strauß,
Au/Hallertau (S. 2 beide, 3, 4/5,
10, 12 u, 14 li, 14 ore, 15,
16 beide, 16/17, 19, 23 ore,
28 o, 35, 36 ore, 38, 51, 52,
54/55, 56, 58).

Mit **9 Farbzeichnungen** von:
Reinhild Hofmann, München
(S. 8, 11, 20, 45); Wolfgang
Lang, Grafenau-Döffingen
(S. 59 vier); Horst Lünser, Berlin
(S. 18).

Extra

INHALTSSTOFFE UND GESUNDHEITLICHER WERT EXOTISCHER FRÜCHTE

Exotische Früchte sind nicht nur dekorativ und bringen Abwechslung in den Speiseplan. Viele von ihnen sind zudem reich an wertvollen Inhaltsstoffen und besitzen daher eine gesundheitsfördernde und teilweise sogar heilende Wirkung.

Frucht	Inhaltsstoffe/Gesundheitlicher Wert
Ananas	Durch das Eiweiß spaltende Enzym Bromelain wirkt die Ananas verdauungsfördernd, entschlackend und harntreibend. Daher ist sie besonders empfehlenswert nach eiweißreichen Speisen zur besseren Verdauung. Durch Erhitzen und Konservieren geht die Wirkung weitgehend verloren.
Avocado	Die Avocado hat zwar einen hohen Kaloriengehalt und einen Fettgehalt von bis zu 30 %. Das Fett besteht jedoch überwiegend aus mehrfach ungesättigten Fettsäuren, die den Cholesterinspiegel senken und somit Herz-Kreislauf-Erkrankungen vorbeugen. Sie enthält außerdem extrem viel Kalium und wirkt durch den hohen Tryptophangehalt schlaffördernd. Das cremige Fruchtfleisch schützt den Magen vor Übersäuerung.
Baumtomate	Die Tamarillo enthält viel Vitamin A und C. Sie stärkt die Abwehrkräfte und ist kalorienarm.
Cherimoya	Diese Frucht ist reich an Kalzium, Eisen und Phosphor und enthält viel Niacin und die Vitamine B1 und B2.
Dattel	Datteln enthalten zwar viel Kalium, Kalzium, Phosphor und Eisen, aber auch viel Zucker, der für den hohen Kaloriengehalt verantwortlich ist. Bei starker geistiger oder körperlicher Belastung sind sie daher schnelle Energiespender. Die zahlreichen Ballaststoffe sorgen für eine leicht abführende Wirkung.
Erdnuss	Die Erdnusssamen enthalten 42–55 % Fett und 24–35 % Eiweiß, daher ist ihr Kaloriengehalt sehr hoch. Aus ihnen wird wichtiges Speiseöl gewonnen.
Feige	Die Feige hat den höchsten alkalischen Wert aller Lebensmittel und lindert daher Beschwerden, die durch übermäßige Magensäureproduktion verursacht werden. Sie sind besonders reich an Kalium und Ballaststoffen. Sie wirken verdauungsfördernd und blutreinigend.
Granatapfel	Der Saft ist reich an Fruchtsäuren und Kalium. Er reguliert die Magen-Darm-Tätigkeit und wirkt leicht stopfend. Er hilft gegen Arteriosklerose, Bluthochdruck und Halsentzündungen.
Guave	Guaven besitzen extrem viel Vitamin C. Ihr Gehalt an Kalium und Magnesium ist recht hoch. Nachweislich wirken sie blutdruck- und cholesterinsenkend. Sie erniedrigen den Blutzuckerspiegel und sind daher auch für Diabetiker geeignet.
Ingwer	Ingwer enthält ein scharf schmeckendes Gemisch aus Harzen und ätherischen Ölen, den Geruchsstoff Zingiberol und das Eiweiß spaltende Enzym Zingibain. Er gilt als Heilmittel bei Magenleiden, Verdauungsstörungen und Rheuma und wird äußerlich bei Verletzungen angewandt.

Kaki	Kakis und Sharons haben einen hohen Gehalt an Vitamin A und besitzen wertvolle Mineralstoffe. Sie stärken die Abwehrkräfte und werden wegen ihres säurearmen Fruchtfleisches von Menschen mit empfindlichem Magen vertragen. Sie sind ebenfalls zur Ernährung von Kleinkindern geeignet.
Kaktusfeige	In Maßen verzehrt helfen Kaktusfeigen gegen Verstopfung. Allerdings sollten Personen mit einem empfindlichem Verdauungssystem die Samen nicht mitessen.
Karambola	Die Sternfrucht enthält viel Vitamin C, Magnesium und Phosphor sowie zahlreiche organische Säuren. Der säuerliche Geschmack kommt durch die Oxalsäure zustande. Der Saft der Karambola ist erfrischend und durstlöschend und soll fiebersenkend wirken.
Kiwi	Kiwis enthalten viel Vitamin C und sind reich an Kalium, Magnesium, Phosphor und Eisen. Sie wirken harntreibend und blutreinigend. Das Eiweiß spaltende Enzym Actinidin wirkt wie ein Fleischzartmacher und fördert die Verdauung. Täglich eine frische Kiwi stärkt die Abwehrkräfte.
Kumquat	Der hohe Gehalt an Vitamin A und C stärkt die Abwehrkräfte. Kumquats kommen immer ungespritzt auf den Markt, weil die zuckerhaltige Schale mitgegessen wird.
Litschi und Rambutan	Diese Früchte sind zwar nicht reich an Vitaminen (außer Vitamin C) und Mineralstoffen, sie sollen jedoch sowohl körperlich als auch seelisch entlastend wirken. Sie werden nach einer reichhaltigen Mahlzeit gereicht und sollen bei Depressionen helfen.
Mango	Diese Frucht ist besonders reich an Vitamin A, C und E. In dieser Kombination wirken die Inhaltsstoffe als wertvolle Radikalfänger. Aufgrund ihres ausgewogenen Mineralstoffgehaltes und des säurearmen Fruchtfleisches ist die Mango für Menschen mit empfindlichem Magen und für Kleinkinder zu empfehlen.
Melonen	Melonen sind zwar nicht reich an Vitaminen, aber als kalorienarmer Durstlöscher sind sie besonders im Sommer beliebt. Sie regen die Nierentätigkeit an. Dank ihrer alkalischen Wirkung helfen sie bei Magenübersäuerung.
Papaya	Alle Pflanzenteile der Papaya besitzen verschiedene heilende Wirkungen. Die Früchte enthalten viel Vitamin A und C, Kalium sowie das Eiweiß spaltende Enzym Papain, das wie ein Fleischzartmacher wirkt. Es hilft gegen hartnäckige Verdauungsbeschwerden. Aus der Papaya werden Präparate zur Krebsprophylaxe und begleitenden Krebstherapie gewonnen. Das säurearme Fruchtfleisch ist für Menschen mit empfindlichem Magen geeignet.
Passionsfrucht	Maracujas enthalten viel Vitamin A und C und sehr viel Niacin. Auch der Eisengehalt ist für Obst sehr hoch, ebenso enthalten sie viel Kalium und Magnesium. Sie wirken als Muntermacher und unterstützen die Funktion des Nervensystems.
Pinienkerne	Diese Samen mit dem zarten Aroma enthalten viel Fett und sind somit sehr kalorienreich. Da das Fett schnell ranzig wird, sollten sie nicht lange aufbewahrt, sondern möglichst frisch verzehrt werden.
Zitrusfrüchte	Diese Früchte enthalten viel Vitamin C und zahlreiche wertvolle Mineralstoffe. Der tägliche Verzehr – insbesondere in den Wintermonaten – stärkt die Abwehrkräfte. Früchte, die Bitterstoffe enthalten wie die Grapefruit, wirken außerdem verdauungsfördernd und gleichen den Säurehaushalt im Magen aus.